La humanidad duplicada

Sheila López Pérez

LA HUMANIDAD DUPLICADA
Consecuencias de trasladarnos a la virtualidad

EDITORIAL COMARES
GRANADA, 2026

SERIE
FILOSOFÍA *HOY*

Dirigida por:
Juan Antonio Nicolás
(jnicolas@ugr.es)

Coordinación:
Raúl Linares Peralta
(raullinares@ugr.es)

126

Este libro ha sido cofinanciado por la Universidad Isabel I
a través de su Vicerrectorado de Investigación

Editorial Comares, 2026
Polígono Industrial Juncaril
C/ Baza, parcela 208
18220 - Albolote (Granada) España
Tlf.: 958 465 382
https://www.comares.com • E-mail: libreriacomares@comares.com
https://www.facebook.com/Comares • https://twitter.com/comareseditor
https://www.instagram.com/editorialcomares

ISBN: 979-13-7033-077-4 • Depósito Legal: Gr. 202/2026

Impresión y encuadernación: comares

Nuestra época, sin duda alguna, prefiere la imagen a la cosa, la copia al original, la representación a la realidad, la apariencia al ser... Para ella, lo único sagrado es la ilusión: lo sagrado se engrandece a sus ojos a medida que disminuye la verdad y aumenta la ilusión, tanto que el colmo de la ilusión es el colmo de lo sagrado.

Ludwig Feuerbach

El espectáculo no es un conjunto de imágenes, sino una relación social entre las personas y las imágenes. No debe entenderse el espectáculo como el engaño de un mundo visual, producto de las técnicas de difusión masiva de imágenes. Se trata más bien de una *Weltanschauung* —forma de concebir el mundo y la vida— que se ha hecho efectiva, que se ha traducido en términos materiales. Es una visión del mundo objetivada.

Guy Debord

SUMARIO

PRÓLOGO

Al tomar una nueva obra entre nuestras manos, esperamos que esta sea capaz de sacarnos de la comodidad en la que nos encontramos; en otras palabras, un libro debe tener la capacidad de abrirnos a nuevos horizontes y nuevas reflexiones. Esto es precisamente lo que Sheila López logra con su ensayo: instigar nuevos pensamientos a partir de sus preguntas e interpretaciones sobre la compleja situación que se despliega en el siglo XXI para una humanidad partida entre dos dimensiones, la real y la virtual, confusa entre sus identidades y en conflicto entre proyectos teleológicos y posibilidades de interpretación abiertas. En definitiva, lo que la autora ha denominado la *humanidad duplicada*.

El título ya es, de por sí, sugerente. Nos invita a pensar qué significa esa duplicación: un juego entre dos conceptos amplios que, en consonancia, interpelan a quien tenga interés en desvendarse frente a una situación homogeneizadora y simplificadora de la existencia actual. Si bien es cierto que nos encontramos en una encrucijada (distinta a la que afrontaron Edipo y Layo, de la cual sólo uno salió con vida), no por ello la nuestra es menos imperativa. Es preciso desentrañar ese mundo que se abre ante la humanidad del siglo XXI, inmersa en una doble vida: la real y la virtual. La encrucijada ante la que nos encontramos, la de la humanidad duplicada, es metafórica, pero denota la importancia de la acción ante la cómoda descripción de los fenómenos, en clave husserliana. La clave no está en la destrucción del mundo virtual, como podrá comprobarse en la obra, sino en la necesidad de una intervención en nuestro contexto derivada de un proceso tanto reflexivo como deontológico.

La vida cotidiana del mundo contemporáneo no es sencilla. El parnasianismo ha quedado atrás; aun así, las lecturas nostálgicas del pasado siguen teniendo efectos en las sociedades presentes, y no sólo en aquellas que viven tiempos históricos primitivos, sino también en las comunidades más desarrolladas. Basta observar que, desde hace una década, los sistemas democráticos parecen haber entrado en una espiral de deslegitimación (por no hablar de autodestrucción). En parte porque las personas, y los ciudadanos donde los haya, aceptan pasivamente su lugar de no interventores; en otras palabras, de simples asistentes que ven la vida pasar y no quieren o no saben cómo interactuar, porque el mundo les resulta disonante.

En definitiva, la vida y el mundo son complejos, cada vez más. Las capas de relaciones entre los sujetos, y de estos con los medios y las herramientas, los vuelven aún más complejos. De ahí la sagacidad de la autora al señalar que es necesario leer ese mundo incierto, cambiante y acelerado con una metodología dinámica, antes que recurrir a recursos teóricos tradicionales o dogmáticos que, lejos de ofrecer respuestas, buscan adaptar los fenómenos a la metodología previamente consagrada como adecuada. Acertadamente, la Dra. López Pérez fundamenta su análisis en los postulados frankfurtianos, debido a su insatisfacción ante la condición pasiva y alienada provocada por el sistema de producción y de consumo capitalista, que deshumaniza y reifica a las personas, ahora bajo el dominio de «señores tecnofeudales».

En cualquier caso, lo que el lector encontrará en las páginas siguientes no es una simple recopilación de la Teoría Crítica ni su aplicación arbitraria al fenómeno sociohistórico de la era de la «duplicación virtual», sino un proceso de reflexión dinámico y multifacético. En definitiva, es necesaria una lógica dialéctica (término utilizado por la autora) para comprender la estructura de esta obra. Sin adelantar demasiado su contenido, lo que se revela es que el ser humano no se reduce a variables binarias ni lógicas, como pretende cierta visión determinista; es preciso reconocer que la existencia humana es más poliédrica de lo que sugieren los titulares de los tertulianos, que suelen diagnosticar de manera facilona la *enfermedad* social.

Crisis. Es el adjetivo fácil, resignificado constantemente. En boca de los Nostradamus de guardia, que decretan la destrucción de los valores humanos y civilizacionales ante el avance incontrolable de las herramientas tecnológicas, sin tomarse el tiempo necesario para construir un saber matizado y fundamentado de su mundo. La aceleración les exige emitir más opiniones, aunque sean superficiales. En sus mentes, sus discursos se convierten en axiomas válidos para toda la humanidad, cuando lo prudente sería reconocer la diversidad interna de los grupos y la organicidad de los sujetos. Por lo tanto, recurrir a la clasificación del periodo que vivimos como una «crisis» podría tener sentido en la perspectiva derivada de Koselleck, pero no en la vulgarización panfletaria de los profetas del caos.

Si no estamos ante un momento de ruptura definitivo, podemos observar los hechos no como una acumulación de datos que evidencian un resultado irrefutable, sino como un periodo en el que una masa humana se mueve desorientada, sin saberse enferma y, por lo tanto, ajena a la necesidad de reconocer que su duplicación responde a un interés externo. No sorprende, así, la creciente ansiedad de quienes se asemejan a estos «centauros pseudovirtuales» de los que habla la autora, pues el conflicto no se produce entre dos mundos definitivos, el real y el virtual, sino entre la realidad del primero y las categorías con las que lo pensamos, pertenecientes al segundo. De ahí que «la salida no sea la desconexión, sino la mediación consciente de nuestras categorías», bien enlazada con el pensamiento de Horkheimer y otros autores que, lejos de cualquier apología de una vida parnasiana utópica, proclaman la necesidad imperativa de racionalizar los recursos intelectivos.

La historia, en este sentido, no se reduce al determinismo, sino que se guía, más bien, por el «acontecimiento». Es especialmente acertada la afirmación de la autora cuando sostiene que «el determinismo es la metodología de la pereza mental». Para llegar a una sentencia tan breve, certera y abarcadora, se requiere de un proceso de maduración, como el de un buen vino Ribera Reserva: nada más que uva fermentada, pero que el tiempo transforma en una bebida compleja, con matices aromáticos y gustativos. Todo esto sin dejar de ser uva fermentada. Así puede describirse la capacidad de Sheila López para pensar temas complejos y exponerlos de manera accesible, sin renunciar a los matices indispensables para comprender que la lógica dialéctica es una elección conveniente para interpretar la miríada de variables que intervienen en la duplicación del ser humano en dos dimensiones, contando siempre tanto con la afirmación como con la negación de lo investigado.

El libro que el lector tiene entre manos es oportuno por varias razones, de las cuales enuncio sólo algunas. Es imperecedero, en el sentido de que no está fechado: más allá de lo que pudiera pensarse, no se limita a describir y criticar la virtualidad, sino que profundiza en la condición humana como sujeto capaz de pensar y actuar; por tanto, tiene larga vida, pues propone una salida epistémica estribada en la *poiesis*, en la creación o invención de posibilidades, antes que en el determinismo y en la violencia que este provoca, como lo sería una concepción totalizadora y dogmática.

Otra razón es que es fruto de años de investigación, como lo demuestra la serie de artículos académicos publicados previamente por la autora; ello confirma que su pensamiento es sólido y relevante, habiendo obtenido el visto bueno de innumerables académicos e incluso siendo galardonada por sus publicaciones. Y, por último, porque es una investigadora valiente, que no teme afrontar el desafío de pensar cuestiones novedosas por sendas todavía vírgenes; es precisamente lo que una lectora o un lector debe esperar de un libro que propone algo concreto como elemento de provocación a una manera fundamentada de leer la relación del ser humano con las herramientas y el sistema de poder cuya capacidad de reinventarse es continua.

No podría concluir este prólogo sin comentar que ha sido un honor recibir la invitación para redactarlo, por la confianza que conlleva y porque significó poder leerlo previamente. He disfrutado al analizarlo, porque me llevó a contemplar otros horizontes intelectuales. Lo que las investigaciones de la autora suelen provocar.

REINALDO BATISTA CORDOVA
Doctor en Historia

I

PRESENTACIÓN

Diagnosticar el presente, decir qué es el presente, señalar en qué nuestro presente es diferente, pero absolutamente diferente de otros presentes, es decir, del pasado. Tal es la tarea de la filosofía.

Michel Foucault

Una de las principales tareas del ser humano, si no la principal, estriba en el examen de lo que hay que hacer en cada momento de su historia. Y lo que hay que hacer en cada momento debe ser extraído no tanto de la realidad como de *su* realidad. Lo que haya de hacerse, ha de hacerse en un mundo, el suyo, el que se tiene delante, en el que se vive. Lo que debiera haber sido hecho en el mundo de antes solo importa en la medida en que sirve para explicarnos el actual, así como lo que este debería comenzar a hacer. Lo que se podrá hacer en el futuro, por otro lado, solo importa en tanto en cuanto habrá de ser proyecto del mundo en el que vivimos ahora. Para extraer el máximo jugo de las opciones de su presente, el ser humano ha de hacer un esfuerzo continuo por clarificar sus problemas, sus posibilidades de actuación y el futuro que, si estas posibilidades se materializan, darán a nacer. Por todo ello es condición preliminar, a la hora de abordar un problema, alumbrar tanto las coordenadas en las que se encuentra como las preguntas cardinales ante las que nos pone.

Este libro aborda un problema fundamental de nuestro presente. Un problema que apareció hace décadas y, a pesar de haber evolucionado, persiste y persistirá, en tanto en cuanto la virtualidad seguirá conviviendo con nosotros en formas distintas, pero esencialmente iguales. El problema del que hablamos es el siguiente: nos encontramos en medio de una *duplicación* de los elementos del mundo material al mundo virtual. Con esto apuntamos a que estamos trasladando todos los componentes y procesos que antes eran físicos a su contrapartida digital. Los estamos digitalizando. Este procedimiento desemboca en que todos los elementos de la realidad tienen su «imagen», su «contrapartida», su «fotografía» en esa otra realidad que es la virtualidad. En este traslado de lo material a lo virtual emerge una pregunta con más consecuencias antropológicas de las previstas: ¿qué ocurre con aquella característica de todo elemento de la realidad, su carácter indeterminado y transformativo, su carácter ambiguo y contradictorio, cuando dicho elemento se convierte en un dato virtual, en un *positum*[1], en información que proyecta lo que el dato «es» y, en teoría, va a seguir siendo? ¿Qué ocurre con su posibilidad de ser algo diferente a partir no tanto de lo que es como de aquello que, en la actualidad, no es, pero puede llegar a ser? En definitiva, ¿qué ocurre con el carácter potencial, simbólico, *negativo* que atraviesa todo elemento, cuando este se convierte en un dato clausurado y sin posibilidad de corrupción, de emergencia de algo nuevo, de acontecimiento?

A partir de estas preguntas, este libro analizará la virtualidad no desde una perspectiva tecnofóbica, sino desde un punto de vista crítico con sus implicaciones más profundas, aquellas que impactan en nuestra forma de percibir la realidad. A lo largo de los capítulos abordaremos aspectos fundamentales para esta problemática: ¿hasta qué punto la virtualidad nos permite pensar la realidad material? ¿Estamos realmente trasladándonos a un mundo paralelo o seguimos anclados en nuestra realidad física, la cual interpretamos con las categorías del entorno digital? ¿En qué medida esta duplicación modifica nuestra capacidad de acción y de subjetivación? Si, como afirmaba Foucault, el deber de la filosofía es diagnosticar el presente, nuestro deber es diagnosticar la forma en que la duplicación digital en la que estamos sumergidos afecta a cuatro esferas vitales para nosotros: nuestra relación con lo que nos rodea, nuestra capacidad para intervenir en ello, nuestra capacidad para subjetivarnos y la posibilidad de que algo verdaderamente nuevo, que no se derive de lo anterior, se materialice. El gran interrogante que subyace a todas estas preguntas es si la virtualidad es una mera herramienta de la que hacemos uso, o si, por contra, es una forma de mirar el mundo que nos impide vivir *adecuadamente* en él. Una mediación entre nosotros y el mundo que nos moldea a nosotros y al mundo. A partir de estas cuestiones, iniciamos un recorrido que nos invita a reflexionar sobre la condición humana en la era virtual, a explorar los vicios y virtudes de la duplicación y a tratar de recuperar la potencia transformadora que todo elemento debería contener.

Tal y como decíamos al inicio, cada época debe ubicar cuál es *su* problema, el problema de *su* presente. Y esto con motivo de no invertir tiempo y energía en problemas que, a pesar de ser intelectualmente tentadores, pertenecen a otras épocas. En nuestro caso, hay varios precedentes que podrían crear confusión respecto a nuestra complicación con la tecnología: hace cuatro siglos, el uso del telescopio por parte de Galileo generó un gran rechazo por parte de las autoridades religiosas, que veían en aquel instrumento no solo una amenaza al orden cósmico, sino también al modo

---

[1]   Al tratarse de una palabra que utilizaremos a lo largo del texto, detengámonos a analizarla brevemente. *Positum* es un término latino que significa «lo puesto», lo «dado», «lo establecido». Hace referencia a algo que está colocado, fijado o determinado en un contexto. *Positum* es dato inmutable, dato que no puede ser corrompido ni transmutado por el entorno, ni por sus características internas, ni por la intervención de los sujetos. *Positum*, en definitiva, es el elemento metafísico por antonomasia: fijo, sin ambigüedad, con caracteres eternos y sin antagonismos.

tradicional de conocer el mundo. Hace dos siglos, los luditas ingleses se manifestaron contra las máquinas porque creían que estas les quitarían el trabajo, llegando incluso a querer destruirlas. Hace un siglo, numerosos pensadores —Jaspers, Jünger, Husserl, Heidegger, Ortega y Gasset, entre muchos otros— criticaron la «técnica» porque consideraron que esta alienaba y deshumanizaba al ser humano. Hace medio siglo, el terrorista antitecnología *Unabomber* envió varias cartas bomba a personajes públicos como protesta contra el desarrollo tecnológico, derivado de la Revolución Industrial. En las últimas décadas, la desconfianza hacia las tecnologías digitales ha generado grandes críticas hacia el uso de Internet, las redes sociales y la Inteligencia Artificial, haciendo patentes nuevos miedos vinculados a la exposición, el control, la vigilancia y la manipulación de los datos personales. Estos ejemplos muestran que el miedo a la técnica no es nuevo. Cada generación, al ponerse ante una nueva invención tecnológica, ha temido perder algo esencial de sí misma: su trabajo, su libertad o su humanidad. La reacción suele ser la misma: ante lo desconocido, desconfianza.

Todos estos precedentes son muestras representativas de una visión un tanto pesimista respecto al ser humano y su capacidad para dirigir, de manera adecuada, sus propios inventos. Visión que desemboca en el rechazo total de los inventos, a pesar de sus bondades, debido a que la desconfianza en que el ser humano sea capaz de dominarlos sin dejarse corromper es aún mayor. Y a pesar de que esta desconfianza misántropa renace en diferentes contextos y bajo diferentes formas, paralelamente surge una tendencia contraria que suele quedar avalada por la historia: el ser humano no puede dejar de convivir con sus inventos y avances técnicos porque le hacen la vida más fácil. Esto quiere decir que de un avance técnico no hay vuelta atrás. Una vez se crea una nueva herramienta, esta se incorpora al conocimiento de la civilización para siempre. Lo que cambia a partir de ese momento es la manera de utilizarla, de aplicarla y de convivir con ella, pero nunca, jamás, se abandona.

Habiéndonos sacudido de encima la tentación de proponer una vuelta atrás a un ilusorio paraíso perdido sin tecnología y supuestamente «más humano», ¿cuál es entonces nuestro problema, el problema actual, ese que tiene que ver con la virtualidad y con la duplicación de los elementos materiales a su contrapartida digital? Posicionándonos en contra de nuestro propio título, mostraremos que el problema actual no es el de «trasladarnos» a la virtualidad. *No nos estamos trasladando a la virtualidad*. De manera un tanto evidente podemos confirmar que seguimos viviendo en el mundo físico, en el cual tenemos experiencias con otros seres humanos, así como un desarrollo personal. En este mundo físico, además, convivimos con la virtualidad de diversas formas. El problema, entonces, radica en seguir viviendo en el mundo físico *pero interpretarlo* —a él, a aquellos con los que convivimos, a nosotros mismos— *a partir de las características de los datos virtuales* —esos que son cerrados, definitivos, estáticos, tautológicos, sin ambigüedad, sin contradicción, sin evolución…—. Unas características que son contrarias a las de la propia realidad y, por ende, infértiles para pensar y actuar en ella, así como para hacerla evolucionar.

¿Qué ocurre cuando miramos una realidad abierta, indeterminada y en continua transformación a través de una forma de pensar cerrada, inmóvil y estática? Sucede que emerge una disonancia cognitiva, y no tanto ese viejo fenómeno del que queremos prescindir por ser una entelequia difícil de aplicar a la vida real: la alienación. El problema no es que la virtualidad *nos tenga alienados*: seguimos siendo «nosotros mismos» y pensando por «nosotros mismos». ¿Quién si no podríamos ser? ¿Quién sino pensaría? De lo que hablamos es más bien de ser nosotros mismos y pensar por nosotros mismos a partir de categorías que no se adecuan a la realidad que queremos pensar. Categorías que, de manera sustancial, se contraponen a ella, y que solo pueden llevar a continuos traspiés en su abordaje: interpretativos, prácticos, emocionales, políticos, vitales, etc. Cuando hablamos de «trasladarnos a la virtualidad» lo que planteamos es que, tras la irrupción de la virtualidad en nuestras vidas, seguimos viviendo en el mundo físico, en el cual nos acompaña la virtualidad, pero pensamos, actuamos y vivimos a partir de sus características, generando una incapacidad frustrante de intervenir, de manera provechosa, en lo que nos rodea. En este sentido, la «duplicación» no designa una duplicación, a pesar de la paradoja, sino una forma nueva de existencia donde el original, que en el caso de *nuestro presente* es seguir viviendo entre elementos y personas materiales, es interpretado a partir de la copia, su contrapartida virtual —redes sociales, fotos, vídeos, procesos administrativos, aplicaciones tecnológicas, teletrabajo, etc.—. Una contrapartida que carece de lo más importante del original: su capacidad de transformación, o lo que es lo mismo, de dejar de ser lo que era. Debemos tener en cuenta que la virtualidad, o mejor aún, las categorías de pensamiento que nos ofrece la virtualidad, no son una anomalía histórica, sino la forma que ha tomado la sempiterna lucha entre una realidad cambiante y el oficioso intento de apresarla en categorías estáticas. Pero a esto llegaremos más adelante.

Numerosos libros han explorado la era digital, las redes sociales, a los dueños y señores de las plataformas, su configuración del imaginario colectivo, la apertura o cerrazón que nos ofrecen sus dispositivos, la alienación que nos provocan, la contrapartida económica de todo clic e incluso el potencial revolucionario de Internet. La bibliografía sobre lo digital es, en efecto, abundante y diversa: desde los análisis económicos sobre el capitalismo de datos hasta los estudios sociológicos sobre la creación de identidades en Internet, así como los debates políticos sobre la libertad de expresión en redes sociales o la vigilancia algorítmica. La mayoría de estos enfoques suelen compartir una misma característica: toman la tecnología como un fenómeno externo al ser humano que debe ser analizado, halagado, vilipendiado y/o regulado. Este libro parte de la sospecha de que la tecnología no es un instrumento, sino un nuevo modo de *Teoría tradicional* que, tal y como veremos más adelante, y siguiendo la estela de las anteriores Teorías tradicionales, condiciona la relación del ser humano con el mundo, consigo mismo y con los demás. El libro se encamina, por tanto, a tres preguntas concretas:

¿la duplicación de los elementos materiales a datos virtuales es realmente una *duplicación*? ¿Los elementos duplicados mantienen el espacio para las mismas irrupciones del orden dado que los elementos físicos? ¿La duplicación permite el *acontecimiento* de algo no derivable de lo anterior? La primera de ellas cuestiona si trasladar objetos, acciones o relaciones del plano físico al digital conserva su naturaleza o, por el contrario, produce algo radicalmente distinto. La segunda indaga si en el entorno virtual todavía es posible la contingencia, la sorpresa o lo inaudito —es decir, si en un espacio programado puede irrumpir lo impredecible, como sucede en el mundo material—. Y la tercera, quizá la más decisiva, apunta a si de esta duplicación puede nacer algo nuevo, algo que no sea una reproducción o derivación de lo anterior. En el fondo, todas estas cuestiones apuntan a un mismo problema: ¿pensar desde las categorías del mundo digital nos permite vivir en el mundo material de manera digna, agencial, deliberada, premeditada, inventiva? Este libro trata, en resumidas cuentas, de abordar —una vez más, siempre— la pregunta clásica del humanismo. La pregunta por la posibilidad de intervención del ser humano en su contexto.

1.   HEMOS VIVIDO DOS HISTORIAS: LA QUE SE PUEDE INTERVENIR Y LA QUE NO

> El futuro no es lo que va a pasar, sino lo que vamos a hacer.
>
> *Jorge Luis Borges*

Esta pregunta clásica del humanismo debe abordarse a partir de un momento de inflexión: la Modernidad. La historia se ha dividido en dos fases, una anterior a la Edad Moderna, en la que todo lo que sucedía se veía como algo inevitable, determinado y teleológico, y otra posterior a la Edad Moderna, en la que la historia comenzó a tratarse como una obra en construcción. Antes de la Modernidad, las sociedades interpretaban su destino bajo una lógica teológica o natural: el curso de los acontecimientos respondía a una voluntad divina, a un orden cósmico o a una jerarquía incuestionable. La vida humana se concebía como parte de un relato cerrado en el que el individuo apenas podía intervenir. Con la irrupción del pensamiento moderno —y, especialmente, con el giro antropocéntrico del Renacimiento y el Romanticismo— se inaugura una nueva comprensión del tiempo: el futuro deja de ser una derivación ininterrumpida del pasado para convertirse en un espacio de posibilidades. Desde ese momento la historia ya no se recibe, sino que se hace.

A nivel filosófico, este umbral tuvo dos guías que abrieron paso al pensamiento entre las tinieblas de lo que se pretendía inmutable. Marx suprimió la necesidad a las condiciones materiales de existencia —esto es, denunció que el orden de las cosas dentro de la sociedad no era natural ni necesario— y Nietzsche proclamó la muerte de Dios —es decir, devolvió las acciones humanas a los humanos, destacando su responsabilidad y su capacidad demiúrgica—. Después de ambas supresiones, la idea de que la realidad es abierta y está sujeta a modificación se ha convertido en un hecho cuasi incuestionable. Marx y Nietzsche representaron, cada uno desde su campo, las dos grandes rupturas de la Modernidad: la socioeconómica y la metafísica. El primero rompió con la idea de un orden social eterno e inalterable al mostrar que las estructuras económicas y las relaciones de poder eran históricas, producto de decisiones humanas y, por tanto, susceptibles de cambio. Nietzsche, por su parte, liberó al pensamiento de la cárcel metafísica de las ideas eternas, con lo que desplazó la fuente de sentido del más allá al más acá, del estatismo al devenir.

En ambos casos, la consecuencia fue la misma: el ser humano se erigió como responsable de su mundo y de su historia, viéndose capaz de crear y de destruir, de legislar y de errar. No obstante, aun después de aquellas dos proclamas filosóficas, surgidas a la par que las revoluciones modernas que corroboraron sus efectos; aún después de todos esos eventos que mostraron, de una vez y para siempre, que hasta la realidad más arraigada podía ser modificada, la humanidad ha insistido en dividirse en aquellos que la tratan como algo cerrado, teleológico e inmodificable y aquellos que, por contra, defienden su posibilidad de intervención. Esta división atraviesa la historia y llega hasta nuestros días. De un lado, persisten quienes buscan refugio en sistemas cerrados —ya sean religiosos, ideológicos, políticos o científicos— que prometen estabilidad y continuidad en medio de la incertidumbre. Del otro, se hallan quienes asumen la apertura y contingencia del mundo como un desafío, confiando en la capacidad humana para reinventar las estructuras sociales, políticas y culturales. Los primeros apuestan por la seguridad y el orden. Los segundos, por la libertad y la responsabilidad.

Denominaremos estas dos perspectivas, siguiendo a Max Horkheimer, Teoría tradicional y Teoría crítica (Horkheimer, 2009). La Teoría tradicional implica tomar el mundo como ya siempre dado, como ya siempre determinado en sus condiciones existentes y, por tanto, como ya siempre derivable y predecible en su continuación. ¿Qué es pensable y qué no lo es para nosotros? Si lo que es pensable es una continuación sin grietas de lo que ya hay, nos movemos en la Teoría tradicional: vemos la realidad como un Sistema que evoluciona pero que no es modificable en su esencia, un objeto autónomo enfrente de nosotros, una corriente que es imposible redirigir. Este modo de pensar tiende a concebir la realidad como algo que debe describirse y explicarse, pero no abordarse. El conocimiento se entiende como una contemplación objetiva del mundo, no como una intervención sobre él. Bajo este enfoque, el sujeto se distancia de lo que le rodea: observa, clasifica, predice, pero no participa. En última instancia, la Teoría tradicional es una forma de legitimación de lo dado, ya que presupone que las estructuras sociales y económicas son naturales y necesarias y no el resultado de decisiones humanas.

En las antípodas de la Teoría tradicional existe una actitud esencialmente humana que tiene por objeto el moldeamiento de la realidad. Una actitud que toma la sociedad como agrupación de humanos con capacidad, y sobre todo con interés, por decidir cómo quieren vivir. Esta es la Teoría crítica. La Teoría crítica, en oposición a la Teoría tradicional, y siguiendo la famosa tesis XI sobre Feuerbach, considera que el ser humano no debe limitarse a interpretar el mundo, sino que debe transformarlo. Frente a la pasividad contemplativa del sujeto tradicional, el sujeto crítico asume la praxis como su categoría central: la sociedad no es un sistema cerrado, sino un conjunto de relaciones históricas, contingentes y revisables. El conocimiento deja de ser neutro y se vuelve emancipador: su finalidad no es describir la realidad *tal como es*, sino revelar las condiciones que la sostienen y abrir la posibilidad de una vida más justa. De esta forma, toma una actitud crítica frente al mundo basada en la convicción de que toda estructura puede ser repensada, todo orden social puede ser reconfigurado y toda realidad puede ser transfigurada por la acción individual y colectiva.

La meta principal de la Teoría tradicional es organizar toda nuestra experiencia —lo que pensamos, percibimos, imaginamos, sentimos, proyectamos, vivimos, etc.— en función de categorías ya conocidas, definidas y delimitadas. La reproducción de la vida tal y como es en la actualidad compone la consecuencia principal de esta forma de pensar, otorgando un papel de espectador pasivo al sujeto. La Teoría crítica, por su parte, hace el ejercicio de *historizar* la realidad, de situar cada elemento de la realidad en el contexto en el que ha nacido. Esto tiene por objetivo analizar de qué manera surgió para ubicar de qué manera podrá desaparecer. Relativizar todo aquello que hemos naturalizado y dejar de considerarlo eterno y necesario es el fin de la Teoría crítica.

Antes de la Edad Moderna había historia, en el sentido de que ocurrían cosas. Pero en aquel período se creía que la historia se repetía cíclicamente y no se podía modificar. Había guerras, derrocamiento de príncipes, conjuraciones, relatos de amor, mucha miseria y unas cuantas gestas de hombres célebres. Estos sucesos, se creía, eran secuencias que se repetían desde el comienzo de los tiempos, y era precisamente esta repetición la que garantizaba la continuidad de las cosas. Esta historia, la historia autónoma e imposible de intervenir, terminó con lo acaecido en la Revolución Inglesa, la Revolución Francesa y la Revolución Americana, las cuales evidenciaron el poder del ser humano en su realidad. La Revolución Inglesa limitó el poder absoluto de los monarcas y estableció el parlamentarismo, mostrando que la autoridad política podía ser restringida mediante la participación ciudadana. La Revolución Francesa cuestionó el derecho divino de los reyes, proclamó la libertad, igualdad y fraternidad de todos los seres humanos y promovió la democracia, consolidando la idea de que el pueblo puede rehacer un orden social dado. La Revolución Americana, por último, rompió con la monarquía británica y estableció un nuevo gobierno basado en la soberanía popular, afianzando la idea de autodeterminación.

Estas tres revoluciones constataron la capacidad demiúrgica del humano en sociedades mucho más férreas que la nuestra, y mostraron que las estructuras de poder no solo no están determinadas, sino que están sujetas a transformación cuando la acción colectiva aparece en escena.

Estos eventos encontraron su empujón final para cambiar el paradigma civilizatorio en los avances de las ciencias y las artes. Isaac Newton, en su obra *Principios matemáticos de la Filosofía natural*, expuso la teoría de la gravedad, una explicación del movimiento de los cuerpos celestes a partir de un único principio. Este hito defenestró la creencia de que existe más de un mundo —como el cielo, la tierra y el infierno— y la sustituyó por la idea de que existe un único espacio en el que todos los elementos actúan y se influyen los unos a los otros. Ya no hay un más allá: todo se divide en pasado, presente y futuro en el más acá. De este modo, lo real y lo posible quedan vinculados en el presente. Lo posible ya no es algo que irrumpe en la tierra procedente del cielo, sino algo que contiene el presente en tanto dimensión de lo potencial. A partir de este momento, la mejora del mundo no se espera del obsoleto más allá, sino precisamente del más acá y, de manera más concreta, de lo que hagan los individuos que viven en él. En el ámbito de la filosofía, Immanuel Kant sintetizó este espíritu al afirmar que no conocemos las cosas tal y como son *en sí*, sino tal y como las conocemos según las formas de nuestra propia razón. Es decir, el sujeto se convierte en coautor de la realidad. Con Kant, el ser humano deja de ser un mero espectador del mundo para ser también su legislador cognitivo. De manera semejante, Charles Darwin muestra que incluso la evolución de la vida biológica, hasta entonces atribuida al designio divino, obedece a un proceso natural de adaptación al contexto. Hasta la naturaleza deja de considerarse un orden estático para convertirse en historia. Este nuevo modo de comprender el mundo se refleja también en las obras de artistas como Jacques-Louis David, Turner o Goya, que plasman en sus lienzos la confianza en el proyecto ilustrado: el hombre como centro de acción y de sentido, la conciencia de la infinitud y la libertad ante una naturaleza que ya no es divina, sino sublime, el empirismo de la vida ordinaria. En todos estos casos, la mirada artística corrobora que el devenir, la acción y la experiencia pertenecen al mundo del aquí, y a ningún otro.

El producto final de todos estos eventos fue una transformación tan radical del papel del ser humano en la realidad, o mejor dicho, de su visión sobre sí mismo dentro de esa realidad, que en cierto sentido se podría decir que el ser humano nació en aquel momento. El ser humano en cuanto demiurgo, en cuanto pueblo humano, en cuanto *demos* —pueblo— que se hace con el poder —*kratos*— para participar de forma activa en la construcción de su realidad. El ser humano en cuanto demócrata. Su poder, por primera vez, no proviene del cielo, sino de su inteligencia colectiva. La democracia, entendida en su sentido más profundo, no es una forma de gobierno, sino una ontología: una manera de ser en la que el poder deja de ser trascendente y pasa a residir en la acción compartida. En este punto, «demócrata» no designa al ciudadano que vota o participa en las instituciones, sino al ciudadano que reconoce la igualdad radical de todos los hombres y mujeres en la tarea común de construir lo real. Desde este horizonte, la Modernidad se postula como la gran epopeya de la emancipación: el tránsito de la minoría de edad a la adultez, del ser humano súbdito al creador, del orden impuesto al deliberado.

De esta forma, y tal y como indicábamos al inicio, la historia se ha dividido en dos fases: la que tomaba la realidad como un ente inmodificable y la que la toma como una obra en construcción. Y aunque esta división encuentre su umbral en la Modernidad, no se puede decir que no se haya perpetuado en la mentalidad de los seres humanos. De hecho, aquí radica un desliz *humano, demasiado humano* un tanto patológico: aun certificando, a través de numerosos eventos —tanto colectivos como personales—, que el ser humano puede intervenir su realidad, una parte de la humanidad se empeña en creer que no es así. De esta forma comprobamos que la Teoría tradicional va renaciendo, época tras época, bajo diferentes formas y premisas.

En la actualidad, y esto es de lo que versa este libro, la Teoría tradicional toma la forma de la virtualidad. Por esto adelantábamos que nuestro problema no es «trasladarnos» a la virtualidad: la virtualidad no es una realidad, sino una forma de *pensar la realidad* que influye en la manera de desenvolvernos en *nuestra realidad*. La virtualidad se ha convertido en la matriz desde la cual interpretamos nuestra existencia: vemos, sentimos y actuamos dentro de un horizonte donde la copia, el dato, tiene prioridad respecto al original, su contrapartida material. En otras épocas, dominadas por otras Teorías tradicionales —religiosas, políticas, científicas, culturales, económicas, etc.—, el ser humano tampoco se estaba «trasladando» al mundo ficticio proyectado por aquellas, sino que permanecía en su mundo —el único que hay— pensando a partir de sus categorías. Así como la Edad Media pensaba el mundo a partir de la teología, entendiendo los eventos como signos de la voluntad divina, o la Ilustración creía que la razón universal conduciría a la humanidad hacia un progreso inevitable, nuestra época piensa el mundo desde la duplicación virtual de la realidad material: todo es traducible en datos, todo es susceptible de digitalización, y todo debe abordarse desde su duplicación por ser una copia más nítida, cerrada, saturada y completa que la propia realidad. De la misma forma que el medieval veía el mundo como una manifestación de Dios, el sujeto contemporáneo lo percibe como una interfaz. La Teoría tradicional es entonces una forma de pensar, una manera de mirar hacia la realidad y de situarnos en ella. Pero no una forma cualquiera: sus características son la cerrazón, la reproducción de lo que ya hay y la desubjetivación. Nuestra Teoría tradicional, la virtualidad, posee todas estas características.

2. EL PROBLEMA ACTUAL

> Allí donde el mundo real se transforma en meras imágenes, las meras imágenes
> se convierten en seres reales, y en eficaces motivaciones de un comportamiento
> hipnótico. En el espectáculo, el mundo sensible es sustituido por una selección de
> imágenes que existen por encima de él, y que se aparecen al mismo tiempo como lo
> sensible por excelencia.
>
> *Guy Debord*

Cuando la duplicación del mundo a su contrapartida en datos —esto es, a la virtualidad— se ha expandido hasta los límites actuales; cuando todos los elementos y procesos[2] del mundo material tienen su espejo en el mundo virtual, ¿qué ocurre con aquella característica que atraviesa todo elemento material —su capacidad de ser algo que no es— al encontrarse enclaustrado en un algoritmo[3]? ¿Qué ocurre con la posibilidad de ruptura con la propia identidad, con la potencialidad de destruir lo que actualmente se es pero se podría no seguir siendo?

Empecemos por el principio. Un elemento material tiene muchas características, siendo una de ellas la de estar en constante cambio, en constante indeterminación, en constante evolución hacia formas no predeterminadas de antemano. Esto significa que los elementos materiales, lejos de ser algo inerte o acabado, son un flujo continuo de transformaciones. Cada elemento es un proceso entero en sí mismo, su modo de ser es la variación. Cada elemento, incluso el más simple, es una red de relaciones en tensión constante y encierra una multiplicidad de procesos simultáneos, algunos visibles, otros latentes, pero todos orientados hacia la evolución. Su ser no se agota en el presente, sino que se proyecta hacia un futuro de posibilidades. Un elemento material es modificado por dos esferas: el contexto, un espacio abierto que contiene infinitos componentes y que, por tanto, se encuentra en una transformación impredecible, y su propia dinámica interna, que a su vez es compleja, móvil y repleta de posibilidades, algunas de ellas antagónicas. El contexto, ya sea físico, biológico, social o simbólico, actúa sobre el elemento material como una fuerza incesante. Ningún objeto existe aislado, todo está inmerso en una trama de interdependencias que lo afectan y lo redefinen. Por otra parte, el elemento posee un principio de autoorganización interno

---

[2] De ahora en adelante, y para no caer en repeticiones excesivas, diremos únicamente «elementos materiales» para mentar todas las acciones posibles dentro del mundo material: procesos, eventos, relaciones personales, sucesos, sentimientos, emociones, percepciones, etc.

[3] Un algoritmo es un conjunto de instrucciones o reglas definidas y no ambiguas, ordenadas y finitas, que permite llegar de manera segura de un punto a otro en un proceso o problema. Muchos autores los definen como una lista de instrucciones cerradas para resolver un cálculo o problema concretos, es decir, como un número finito de pasos que conducen de un problema (entrada) a una solución (salida).

que le permite responder, resistir o adaptarse a esas condiciones externas. Entre ambas esferas se establece un diálogo incesante: lo que proviene de fuera y lo que surge desde dentro se entrelazan en una danza de modificaciones recíprocas. De ahí que todo lo real sea, en el fondo, un campo de tensiones, más que una estructura fija. Debido a ello, cada elemento material está condicionado por un número tan inmenso de influencias y potencialidades que no se puede enclaustrar en una imagen definitiva. Y cuando esto ocurre, lo que se enclaustra no es el elemento, sino una sombra mortuoria que plasma una posibilidad infinitesimal de lo que el elemento puede ser. Esa sombra es el residuo de un proceso detenido, la huella que queda cuando el cambio se congela. En el plano del pensamiento, equivale a la ideología o al dogma: una representación parcial tomada por la totalidad. En el plano de la experiencia, a la pérdida de contacto con lo vivo, con lo que aún puede transformarse.

Un elemento virtual, por su parte, se caracteriza por ser un dato determinado y restringido. El elemento virtual recibe el nombre popular de algoritmo por ser ese conjunto de instrucciones o reglas definidas y no ambiguas que definíamos anteriormente. Su existencia depende de una secuencia finita de órdenes que definen por completo su comportamiento. Un algoritmo, en sentido estricto, no deviene: se ejecuta. Puede repetirse, combinarse o extenderse, pero nunca se transforma. Su horizonte es el de la reiteración, no el del acontecimiento. Esta definición nos recuerda agudamente a la de *positum*.

A pesar de la apariencia de espacio abierto, la virtualidad no contiene las características de la apertura: se trata de una realidad con coordenadas fijadas por algoritmos cerrados. El mundo virtual, como explicó Cédric Durand a través de su concepto *tecnofeudalismo*, es una especie de ciudad digital cuyas calles están restringidas por unos dueños que las monopolizan y determinan lo que se puede y no se puede hacer en ellas, lo que se puede y no se puede decir y lo que se puede y no se puede pensar. La ciudad digital constituye una metáfora muy pertinente, puesto que representa un espacio aparentemente libre regido por leyes inflexibles. La duplicación de los elementos de la realidad a esas calles virtuales, por ende, *falsea* la esencia de los elementos de la realidad, que además de vivacidad y ligereza, contienen la posibilidad de mutar más allá de la simple apariencia. Al trasladar lo real al plano virtual aquello no se duplica: se capa. Lo que era flujo se convierte en imagen; lo que era experiencia se transforma en representación. Los procesos, las relaciones e incluso las emociones pierden su espesor para quedar confinados en patrones de reconocimiento y repetición. Toda codificación implica una pérdida de ambigüedad, una supresión de lo indeterminado, que es precisamente el lugar donde anida la posibilidad de lo nuevo. Al convertirlos en objetos estáticos, en *positum*, en algoritmos cuyo despliegue está ya programado y organizado de antemano, los elementos de la realidad se convierten en una sombra o caricatura de lo que son, en una imagen *espectacular*, como diría Debord. Los elementos de la realidad tienen algo de lo que, inevitablemente, carecen los elementos virtuales: la posibilidad de suprimir todo lo anterior y convertir dicha supresión en una ganancia, en un plus que incorporan en sí mismos para hacerse más complejos. Se trata de la posibilidad de dar un salto cualitativo imposible para los datos.

Si la *subjetivación* de los individuos, su constitución como sujetos complejos, transformativos y autónomos, tal y como propondremos, depende de su capacidad para intervenir su realidad, abrir nuevas posibilidades no previstas y generar un acontecimiento, la digitalización puede entenderse como un nuevo dispositivo de desubjetivación. Subjetivarse significa reconocerse como origen posible de lo nuevo, y el dato limita nuestra capacidad para ver lo inacabado, lo contradictorio y lo potencial de los procesos mediante los cuales podemos lograrlo. Cuando lo real se traduce a dato, las zonas ambiguas se eliminan: lo incierto se ve como error, lo imprevisible como ruido, lo contradictorio como incoherencia. El mundo se simplifica para volverse procesable y deja de ser un espacio de creación para convertirse en un espacio de administración. Donde todo puede ser clasificado, cuantificado y optimizado, la posibilidad de una ruptura real queda descartada: lo que no puede ser representado en términos de datos se vuelve impensable, y lo que es impensable no se puede materializar. Se instaura así una suerte de determinismo tecnológico que invisibiliza lo contingente y lo emergente.

¿Qué ocurre cuando la sociedad, todos sus procesos y relaciones, el espacio público y la *polis*, se digitalizan? Esta será la pregunta que desentrañemos a lo largo de los siguientes capítulos.

II

LA SOCIEDAD VIRTUAL O DUPLICADA

> En este movimiento esencial del espectáculo, que consiste en recapitular en sí
> mismo todo cuanto existía en la actividad humana en estado fluido para poseerlo en
> estado coagulado, reconocemos a nuestra vieja enemiga, que sabe muy bien cómo
> hacer para presentarse a primera vista como algo trivial y autoevidente, cuando es, al
> contrario, algo tan complejo y tan lleno de sutilezas metafísicas.
>
> *Guy Debord*

¿Cómo se instaura la digitalización del mundo? Con la multiplicación de dispositivos tecnológicos que implantan, por medio de sus «conciencias sobreinformadas», una soberanía digital. Un mundo paralelo en el que administran, *para el bien de todos y con el menor riesgo*, los componentes del mundo, así como su trayecto. Cada dispositivo, desde el teléfono móvil hasta los sistemas de vigilancia, amplía su esfera de influencia bajo la promesa de comodidad y seguridad. La legitimidad de esta soberanía se construye en nombre del bienestar colectivo e individual, del control del riesgo y de la optimización de los resultados. Nuestro presente otorga a los dispositivos tecnológicos y sus programas, desde la búsqueda más arcaica en Google hasta el uso de Inteligencias Artificiales complejas como ChatGPT, Midjourney, Grammarly o Dall·E, el singular poder de *asesorarnos* en un amplio abanico de circunstancias, individuales y colectivas. Y esto debido a su potencial para procesar grandes cantidades de datos. El dispositivo se convierte en un mediador universal y participa en nuestras decisiones más íntimas —qué leer, cómo escribir, a quién escuchar, qué calle tomar—, pero también en las colectivas —cómo se gestiona el urbanismo, cómo se administra una empresa, cómo se diagnostica una enfermedad—. Sus gigantescos procedimientos con funcionamiento deductivo están concebidos para «reducir» la incertidumbre y las contingencias, así como para «optimizarlas» y ofrecer un conocimiento firme de las situaciones pasadas, presentes y futuras. Estos procedimientos parten de la duplicación de toda partícula mundana al fenómeno de los Big Data, donde las partículas pierden su carácter indeterminado e incierto y pueden ser manipuladas con una facilidad casi sobrenatural. El Big Data cumple de este modo el sueño del positivismo: crear un universo plenamente cuantificable en el que nada escape a la medición.

En tanto la vocación ancestral de los inventos técnicos consistía, hasta bien entrado el siglo XX, en crear artilugios para compensar las insuficiencias del cuerpo humano, primero a partir de herramientas rudimentarias y más adelante a partir de aparatos industriales de gran tamaño, la tecnología ha ido asumiendo, de forma progresiva, la tarea de reemplazar nuestra percepción del mundo —que es limitada y sesgada— por su propia percepción —más nítida, completa y firme—. Desde los primeros utensilios de piedra hasta las prótesis contemporáneas, la técnica cumplió una función esencialmente extensiva: prolongar la fuerza, la destreza o la precisión del cuerpo. El arado amplió la potencia de las manos, el barco la capacidad de desplazamiento, el telescopio y el microscopio la de ver más allá de lo perceptible para los ojos. Cada invento surgía como una respuesta a los límites del organismo. Sin embargo, con la aparición de las tecnologías digitales, esa función de extensión se transforma en una función de sustitución. Ya no se trata solo de mejorar las capacidades humanas, sino de hacer que las máquinas, los dispositivos y los programas reemplacen las labores humanas.

En el mundo duplicado, cada cosa es lo que es en el mundo real sin la traba de la degradación ni la corrupción. Los elementos virtuales viven en una eterna juventud. La virtualidad ofrece la ilusión de un universo sin tiempo donde los elementos pueden permanecer intactos. Esta aparente perfección constituye la gran seducción del mundo duplicado: la posibilidad de sustraer lo real de su destino natural, de su devenir y de su desgaste. En su superficie siempre pulida, los elementos virtuales se preservan de la ruina. Son jóvenes porque no envejecen, pero también porque no maduran. No conocen la erosión ni el desgaste, y por tanto carecen de evolución. El mundo duplicado, al abolir la decadencia, abole el crecimiento.

La virtualidad está destinada a «fotografiar» el curso de las cosas, así como a contribuir para que cada fragmento de lo cotidiano tenga su contrapartida virtual. Esta vocación documental constituye su núcleo más profundo: la virtualidad no inventa, archiva. Todo gesto, toda palabra, todo desplazamiento deja un rastro que se convierte en dato. De esta manera se constituye el movimiento de «duplicación» encaminado a crear una humanidad paralela a la real. Progresivamente, la virtualización de las existencias se orienta a capturar y administrar, de manera eficaz y armoniosa, lo que va ocurriendo en la vida real. En 2011, Brian Christian pronosticaba lo siguiente: «La historia del siglo XXI será la de la redefinición de las líneas, la historia del homo sapiens intentando reivindicar su especificidad en un terreno movedizo, atrapado entre el animal y la máquina, entre la carne y las matemáticas» (Christian, 2011). Nosotros añadimos: la historia del siglo XXI será la del homo sapiens negándose a parecerse a su reflejo virtual, a rechazar enclaustrarse en su imagen duplicada, a reflexionar sobre las bondades de lo indeterminado. Frente a la tentación de reducir la existencia a su doble perfecto, el ser humano tendrá que reivindicar la imperfección como su rasgo más propio.

Recogiendo la tesis de Éric Sadin en su *La humanidad aumentada* (2017: 28), podemos fechar en 2010 el cambio de paradigma de la revolución digital, iniciada en los años 80. Esta revolución estuvo inicialmente marcada por un movimiento expansivo de digitalización de procesos y protocolos, de gestión de grandes informaciones. Este movimiento de virtualización hoy se ha consumado en el milagro de que todo ser, cosa y proceso tienen su contrapartida virtual. 2010 marca el punto de inflexión en que la tecnología deja de ser una infraestructura al servicio de la productividad para convertirse en el entorno donde se desarrolla la vida. El cambio de paradigma que identifica Sadin no es, por tanto, técnico, sino antropológico. Sadin indica que, mientras que en los 80 solo se digitalizaban procesos industriales y administrativos, hoy se digitaliza hasta el rincón más íntimo del ser humano: sus ideas, emociones, pensamientos, experiencias, proyectos, relaciones, procesos educativos/sanitarios/culturales/económicos/religiosos, y un largo etcétera. La digitalización, por ende, aparece como un estrato indisociable de la existencia, una esfera que la imita y la refleja en casi toda circunstancia. Se instituye así una «duplicación sensata» de lo cotidiano, la cual nos brinda una imagen-resumen de sus características y posibilidades. Se trata de imágenes a la vez cercanas y lejanas, capturas de las cosas que orientan nuestros comportamientos pero que se sitúan a una distancia sensata de nosotros. Esta distancia nos recuerda que los que tomamos las decisiones somos nosotros, y no ellas. Los responsables somos nosotros. Esta aclaración estratégica pone freno a aquellos que las acusan, a las imágenes y a la tecnología en general, de gobernarnos o de tomar decisiones que nos deberían pertenecer.

La revolución digital, en este sentido y a diferencia de lo que se suele pensar, no consiste en la posibilidad de comunicarnos desde cualquier parte del mundo. Esto ya lo habían logrado las cartas y las palomas mensajeras. Tampoco consiste en poder acceder a una infinidad de servicios y productos, o en poder descargar música, aplicaciones, libros y películas siempre que queramos. Estas ventajas prácticas, aunque han sido potenciadas con la digitalización, solo representan la superficie del fenómeno. La revolución digital implica, ciertamente, todos estos hechos, pero no deben eclipsar su característica más importante: la creación de una doble realidad, específica e indisociable/disociable de la otra, según se mire. Indisociable porque, al fin y al cabo, la contraparte virtual de todo elemento proviene y depende, en un primer momento, de su original en la vida real. Disociable porque, a partir de esta primera captura, el elemento de la realidad sigue su camino y el virtual, como buen *positum*, se mantiene en el suyo propio. Esta es la auténtica revolución, la aparición de un segundo plano de existencia que no se sitúa al lado del primero, sino que lo atraviesa. Y lo hace con sus implicaciones sobre el sujeto, que comienza a mirar el primer plano a partir de las lentes del segundo. Este segundo plano no se reduce a ser una mera representación, como ocurre con las pinturas, los relatos o las fotografías, sino que se trata de un espacio ontológico donde los objetos, las acciones y las relaciones adquieren consistencia real. Aquí reside la paradoja central de la duplicación. Una vez traducido al lenguaje digital, el elemento original pierde el control sobre su doble. La imagen, el dato o el registro se emancipan de su fuente y comienzan a circular con autonomía. Así, lo que era representación se convierte en realidad, y esta realidad empieza a influir sobre la otra realidad.

El desafío actual no consiste, entonces, en analizar o poner límites a la influencia de la tecnología en el ser humano. Este debate, aunque necesario, es insuficiente.

Reducir la cuestión tecnológica a un problema de control o regulación equivale a pensarla como un fenómeno externo, como algo que se añade al ser humano. Se piensa la técnica como una prótesis externa, una visión de la misma anclada en ese pasado previo a la revolución digital. Hoy no se trata de preguntarnos si la técnica nos debe influir tanto como lo hace, sino de comprender que somos, en gran medida, el resultado de nuestra insuficiencia, la cual es compensada por la técnica que inventamos. Por eso la técnica no es un accesorio, sino que es constitutiva. La tecnología, la técnica, siempre ha acompañado al ser humano, lo ha moldeado —al moldear su relación con el mundo— y lo ha influenciado de diversos modos. Ser humano y técnica son indisociables, una dupla que ha alejado al primero de su vertiente animal. Desde el momento en que el humano talló la primera piedra para convertirla en herramienta, su manera de habitar la realidad cambió. Cada avance técnico —el fuego, la escritura, la imprenta, la máquina de vapor, la electricidad— ha reconfigurado la experiencia humana, ampliando sus capacidades y redefiniendo sus límites. Cada nueva mediación técnica implica una nueva forma de percibir, pensar y actuar. En este sentido, la historia del ser humano puede leerse como la historia de sus mediaciones técnicas. El desafío actual apunta más bien a captar la sustitución de nuestras percepciones, que antes partían de la vida real, por nuestras percepciones centradas en la vida duplicada. Una duplicación en la que no hay posibilidad de añadidura, de subjetivación, de complejización ni de acontecimiento, como veremos.

1. LOS DATOS VIRTUALES, UNA «FOTOGRAFÍA» DE LA REALIDAD

> La imagen distorsiona, pero siempre queda la suposición de que existe, o existió, algo semejante a lo que está en la imagen. Hacer una fotografía es tener interés en las cosas «tal como son», en un *statu quo* inmutable.
>
> *Susan Sontag*

Los datos virtuales se asemejan a imágenes fotográficas en tanto en cuanto son objetos misteriosos que nos ofrecen una *copia certificada* de los elementos de la realidad. Ambos, dato y fotografía, producen una ilusión de objetividad. Su poder proviene precisamente de esta apariencia de neutralidad: se presentan como duplicaciones fieles de lo real. El misterio de estos objetos reside en que parecen mostrarnos algo de manera transparente, pero al mismo tiempo ocultan el proceso de su propia construcción. Los datos y las fotografías se presentan, en esencia, como experiencia capturada. Capturar es retener lo que huye, inmovilizar el flujo del devenir para convertirlo en coordenada fija. Capturar información es, en todos los sentidos, apropiarse de lo capturado para hacer uso de ello: significa establecer con el mundo una relación determinada a través de una de sus sombras, algo que, al presentarse como conocimiento cerrado y completo, ofrece poder. Debemos tener en cuenta que los datos y las fotografías suministran la mayoría del conocimiento que la gente tiene sobre la realidad, sobre el pasado, el presente y las posibilidades del futuro. A diferencia de lo que se *escribe* acerca de la realidad —libros, columnas periodísticas, archivos históricos, etc.—, los datos y las imágenes *la muestran*: no se presentan como una interpretación, sino como «miniaturas» de realidad a las que cualquiera puede acceder. Al no requerir mediación crítica, datos e imágenes instauran una confianza automática en su veracidad. De esta manera manosean la escala del mundo, la reducen, la amplían, la recortan, la retocan, la manipulan y la retuercen a su gusto.

Los datos y las fotografías afirman poder entablar una relación más genuina y precisa con la realidad que cualquier otro objeto. En la sociedad contemporánea se les atribuye una autoridad casi sagrada: se presentan como si pudieran eliminar la mediación, como si mostraran el mundo libre de sesgos e interferencias. Ambos proclaman que solo se sabe algo si lo aceptamos tal y como lo muestran ellos. Según sus categorías, la verdad no se interpreta ni se argumenta, se exhibe. Pero esto se sitúa en las antípodas de la comprensión, que comienza cuando *no* se acepta el mundo por su imagen, por su captura estática, por su apariencia. La comprensión exige sospecha, duda y distancia crítica; implica reconocer que lo que vemos nunca agota todo lo que es. Toda posibilidad de comprensión comienza con la aceptación de que eso que queremos conocer se transforma y está colmado por diferentes niveles de realidad, algunos de ellos contradictorios y todos sumidos en la ambigüedad. La reducción de la realidad a dato o imagen oculta más de lo que muestra.

Bertolt Brecht avisaba, a comienzos del siglo XX, de que una fotografía de una fábrica no revelaba prácticamente nada acerca de esa organización: no mostraba su estructura de dominación, los supuestos de clase, el imaginario de los trabajadores, el anarquismo sádico de sus patrones, la comida de las obreras, la precarización cuando aparecía una enfermedad y todos esos elementos que la convierten en lo que es. Una fotografía de una fábrica muestra ladrillos, los mismos que se utilizan para construir un parque, un hospital o una presa. El lenguaje visual, al nivel de la representación, es indiferente a la función y al sentido. Solo la interpretación de esa fotografía, de esa imagen condensada, su *comprensión* a todos los niveles, nos puede liberar del error de reducir lo que estamos viendo a una sola de sus caras. En una línea semejante a la de Brecht, Pier Paolo Pasolini denunció que las imágenes emitidas por la televisión creaban una duplicación totalmente falsa de la realidad precisamente por ser contraria a su esencia. Y esto porque lo que mostraban, al presentarse como un producto final —claro, conciso y acabado—, ocultaba la evolución de los hechos. En las imágenes todo aparece cerrado, sin fisuras, sin idas y venidas, sin mutación. El mundo reflejado en ellas se proyecta como un espectáculo ordenado, donde los conflictos se reducen a narraciones y los procesos sociales se convierten en eventos amablemente entrelazados. En sus propias palabras: «¿Cómo se presenta todo [en las imágenes televisivas], hombres, hechos, cosas e ideas? Todo se presenta como si estuviese contenido en un envase protector, con la distancia y el tono didascálico con que se discute algo *que ha ocurrido*, aunque sea hace poco, pero que ya está acabado, y que el espectador contempla desde su tranquilizadora objetividad» (Pasolini, 2014: 69).

El límite de los datos y las fotografías reside en que, si bien pueden estimular la percepción, no pueden generar conocimiento. Menos aún si tomamos su visionado como un producto acabado. Y esto porque ambos ofrecen una imagen a bajos precios, un simulacro, un ensayo. Los datos y las imágenes pueden suscitar curiosidad, sorpresa y asombro, pero no ofrecen los medios para comprender lo que muestran. Al añadir a este mundo ya abarrotado su duplicado en imágenes, se nos persuade de que el mundo está más disponible de lo que en realidad está. Y esto porque, tal y como decíamos, la imagen ofrece la sensación de que podemos manipular lo capturado. La ilusión de accesibilidad es la promesa más seductora de la duplicación. El gesto de deslizar, ampliar o borrar produce una sensación de dominio sobre la realidad. En la pantalla, todo parece posible; fuera de ella, todo permanece igual.

Susan Sontag indicaba que «en la creación misma de un duplicado del mundo, de una realidad de segundo grado, más estrecha pero más dramática que la percibida por la visión natural, encontramos la muerte» (Sontag, 2008: 58-59). Y esto porque las «miniaturas» de la realidad, capturadas en datos y fotografías, son un reflejo más saturado, estimulante y divertido que su contrapartida en la vida real, que es densa, compleja, de tonos más apagados y sobre todo difícil de enjuiciar. Pero un reflejo que condensa la muerte, puesto que con sus categorías impropias nos impide acceder al original. Sontag comprendió que la fascinación por la imagen no proviene de su fidelidad al mundo, sino de su capacidad para hacerlo manipulable. La miniatura de la realidad es la golosina de todo juicio perezoso: con una sola ojeada, podemos asentir o disentir de forma casi espontánea. La condensación de información y su transformación en una píldora fácil de digerir tiene sus muchas ventajas para un intelecto puesto en modo «ahorro»: este venera los estímulos y elogia a los personajes efectistas. ¿Qué podría ser más apetecible para este intelecto que un dato virtual o una fotografía, que representan la realidad como si fuera un cómic? Es como si los elementos de la realidad fueran presas exóticas que pueden ser cazadas y enjauladas en un zoo, el mundo virtual, que perjurando que mantiene su hábitat natural mostrándolas tal y como son «en realidad», solo muestra una sombra quimérica de lo que las presas son en libertad. Como en el zoo, el visitante confunde la representación con el conocimiento; lo que ve no es el animal en su hábitat, sino un simulacro, una escenificación.

Los datos y las fotografías, que transforman el mundo en objeto de consumo, son un atajo. Un atajo que nos evita tener que pasar por la comprensión de lo complejo. Mientras recorremos ese atajo nos damos cuenta de que, lejos de llevarnos al destino que nos prometió, nos conduce a un duplicado decepcionante: el mismo destino sin el aura del original. Como el animal enjaulado en el zoo. El atractivo de los datos y las fotografías reside en que parecen tener la categoría de objetos-en-sí, de ser rebanadas no manipuladas del mundo real. Son nubes de fantasía y cápsulas de información. Un inventario de la mortalidad. Basta con apretar un botón para revelar un momento, hecho o experiencia en todo su esplendor condensado. Los datos y las fotografías exponen, de un modo irrefutable, cosas que en un momento dado fueron «así» y, un momento después, se han dispersado, transformado y continuado el curso de sus autónomos destinos. Pero no en los datos y las fotografías, que procuran historia instantánea, pensamiento instantáneo, participación instantánea.

Los datos y las fotografías están comprometidos, lo sepan o no, con la empresa de convertir en pasado toda realidad que tocan. Porque el pasado no continúa transformándose, y por eso se puede manipular. El pasado es el único territorio en el que el poder puede ejercer su control, puesto que no puede rebelarse. Allí donde el curso del tiempo se detiene comienza la administración. Se podría decir que los datos y las fotografías son la contrapartida de la ruina, y más concretamente, de la *ruina artificial*. Una ruina creada —y no encontrada— para exponer las características concretas y definitivas de un elemento. La ruina artificial no testimonia un proceso, sino que presenta una duplicación de algo que nunca existió. A la ruina artificial no le precedió un periodo de deterioro o desgaste, solo un momento primigenio de creación de lo que será así para siempre. La ruina natural puede brindarnos fragmentos que proveen conocimiento, el cual no es claro ni instantáneo, pero se puede comenzar a construir a partir de lo encontrado. Algo genuino, algo que fue real. En la ruina natural, el tiempo actúa como demiurgo: cada grieta, cada piedra, cada rasguño conserva la huella de una evolución, y nos invita a reconstruirla con imaginación y paciencia. Su imperfección nos obliga a elaborar una interpretación que será siempre inconclusa. La *ruina artificial*, por su parte, es la cumbre de la apariencia. Quiere hacer pasar por natural algo que ha sido deliberadamente construido para pasar por natural. Es la estetización de lo inexistente. En ella, la historia no se descubre: se diseña. Son restos sin pasado, memoria sin historia.

No se puede poseer la realidad, pero sí se pueden poseer sus imágenes; al igual que, como decía Proust, no se puede poseer el presente, pero sí se puede poseer el pasado. A pesar de que los datos y las fotografías dicen dar un acceso instantáneo a lo real, los resultados de esta práctica son otra manera de crear distancia: poseer el mundo en forma de datos y fotografías es, precisamente, volver a vivir la irrealidad y la lejanía de lo real, porque, de facto, datos y fotografías no nos ofrecen realidad: solo nos ofrecen su imagen.

Esto nos lleva a una situación límite un tanto paradójica: mientras que en tiempos pasados, en los que no había datos virtuales ni imágenes, el descontento con la realidad se expresaba en el anhelo y la persecución de otra realidad posible, en la actualidad, ese descontento se expresa en el anhelo de reproducir de otra manera este mundo que, creemos, no se puede cambiar. De mejorar las plataformas en las que invertimos la mayor parte de nuestro tiempo. Si las utopías clásicas soñaban con sociedades nuevas, las utopías digitales se conforman con versiones más eficaces, más rápidas o más agradables de la duplicación de la sociedad. Como si solo por mirar la realidad a través de su duplicación mejorada se diera una mejoría en el estado de ánimo. Como si solo por disponer de mejores herramientas virtuales que realizan nuestros procesos diarios —aplicaciones, programas, redes sociales, inteligencias artificiales— cambiase ese mundo que está al otro lado de las herramientas. La dicotomía entre Teoría tradicional y Teoría crítica da aquí un giro, se desplaza hacia un nivel más sutil: mientras que antes, las Teorías tradicionales se empeñaban en mostrar el orden material de la sociedad, ese que todo el mundo veía, como algo deseable y natural, la actual Teoría tradicional consiste en desplazar nuestra mirada de ese mundo material hacia su duplicado. Ya no se trata de convencer al ciudadano de que el orden social es natural, sino de distraerlo con su duplicado. De este modo, nos vemos atrapados en la idea de que mejorar la representación del mundo equivale a mejorar el mundo original. La Teoría crítica, en este nuevo contexto, ya no tiene por cometido mostrar que la realidad es modificable, sino manifestar que la duplicación de la virtualidad *no es la realidad*. La Teoría crítica del siglo XXI será, necesariamente, una teoría de la desduplicación.

Que los datos y las fotografías no muestran el mundo tal y como es se puede apreciar en el hecho de que, en el mundo, algo está sucediendo, y nadie sabe qué va a suceder. En el mundo de la imagen, algo que está sucediendo ya ha sucedido, y está plasmado en su captura. Es evidente que hay una gran diferencia entre concebir los datos y las fotografías como expresión-de-algo y como un registro fiel. El verdadero peligro no es contemplarlos como expresión-de-algo; de hecho, *son* la expresión de algo, una cosa que existe en la realidad. El riesgo consiste en que se conviertan en el referente final, destronando a la realidad misma como referente. Lo resbaladizo no es mirar el mundo a través de imágenes, sino olvidar que estamos mirando a través de ellas. Cuando la mediación se vuelve invisible, la representación sustituye a la realidad que está detrás sin resistencia. Al respecto, Sontag indicaba que es común, en la época contemporánea, que la gente describa la vivencia de un hecho diciendo que «se parecía a una fotografía/imagen/película». Esto se dice para poner énfasis en hasta qué punto fue real, y pone el origen de la vivencia en las imágenes, en cómo cuentan las imágenes la realidad, en su intensidad y lógica interna. La observación de Sontag es profética: revela que las imágenes han colonizado nuestra estructura cognoscitiva. Ya no solo interpretamos el mundo a través de ellas, sino que lo vivimos según sus códigos. Un accidente, una manifestación o un atardecer se sienten más «reales» si se asemejan a alguna representación cinematográfica o fotográfica que se les parezca.

El enroque entre realidad e imagen es la culminación de este proceso. Si la imagen se convierte en el patrón del mundo, la distinción entre original y copia se vuelve irrelevante. Puesto que se conoce buena parte de lo que hay en el mundo a través de imágenes, puesto que describimos las vivencias a partir de las características de las imágenes, a la gente le causa decepción, sorpresa o indiferencia la realidad de los hechos. Y esto porque las imágenes tienden a sustraer la bruma de lo acontecido y se parecen más a una fórmula que a un problema sin solución que, no obstante, debemos tratar de resolver. Lo cotidiano, con su ambigüedad y su lentitud, ya no cumple las expectativas narrativas que las imágenes reclaman. La realidad, comparada con su duplicado, se percibe como deficiente: menos intensa, menos clara, menos emocionante. Lo real decepciona porque, a pesar de ser misterioso, no nos desvela el misterio.

2. Diferencia entre un dato de la realidad y otro de la virtualidad: la negatividad constituyente

> Todo objeto también contiene un pequeño porcentaje de aquellas propiedades que *no* lo caracterizan. Por ejemplo, todo revolucionario maoísta contiene un pequeño porcentaje de las cualidades de Kant, o todo electrón contiene un pequeño porcentaje de las propiedades del protón. Por lo general, este porcentaje permanece por debajo del límite de la visibilidad (o mensurabilidad), pero no permanece así por mucho tiempo. Pues una parte de esas propiedades ocultas y no características del objeto (no características según la forma habitual de entenderlo) tiene la tendencia a pasar a primer plano (es una ley de la naturaleza) e inicia así una evolución del objeto.
>
> *Paul Feyerabend*

Que en el duplicado solo haya falsedad no tiene que ver con lo que este proyecta. El problema no reside en su contenido, sino en su estatuto. La falsedad del duplicado no se mide por la exactitud de lo que muestra, sino por el modo en que se presenta: como si no fuera una representación, como si no dependiera de aquello que duplica. Como decíamos en el epígrafe anterior, las copias de la realidad *son* algo, son expresión de algo y, por tanto, no son una falsedad por su carácter de representaciones. Lo que vemos en ellas no es la nada, sino una huella, un eco, una traducción. La «falsedad» tiene que ver con el hecho de que la narración que contienen, que ya está prevista, preproyectada y preorganizada de antemano, se presenta como *la duplicación* de una narración que no está prevista, preproyectada ni preorganizada de antemano. En esto reside la falsedad: en convertir algo que está transcurriendo en algo que ha transcurrido. Recordemos que aquello que se pretende total, completo o, más concretamente, completado, es falso, porque falsifica la apertura de vías que ofrece lo existente. Su supuesta plenitud es la forma más eficaz de ocultar el inacabamiento inextirpable de lo real. Su falsedad no tiene que ver con la verdad o mentira de lo que representa, sino con la pretensión de que no sea una representación.

Debido a ello, el conflicto que surge al centrarnos en el duplicado en vez del original consiste en que, al hacerlo, estamos suprimiendo el pensar activo sobre lo existente, que siempre está cambiando y necesita ser re-pensado a cada instante, y lo estamos sustituyendo por el contemplar pasivo de una representación concluida. En este desplazamiento se consuma una mutación cognoscitiva: donde debería haber duda, replanteamiento y búsqueda, ahora hay recepción, consumo y asentimiento.

Esta sustitución, que reemplaza la responsabilidad de comenzar nuevos pensamientos reiteradamente por la observación de una imagen final, constituye la adulteración de la episteme y, con ello, la castración de una praxis adecuada derivada de ella. La adulteración de la episteme no consiste en la ausencia de información, sino en la pérdida del movimiento que convierte la información en conocimiento. Cuando el conocimiento se clausura en forma de duplicación, se elimina su carácter procesual y dialógico. Y al eliminar la dinámica que une conocimiento y experiencia, teoría y práctica, se debilita también la acción que podría derivar de ellas. La praxis adecuada, la praxis que nos permite actuar de forma adecuada en la realidad, debe partir inexpugnablemente de lo recabado por unas herramientas epistemológicas asimismo adecuadas. Si las herramientas epistemológicas fallan, si estas no ubican el dominio que quieren conocer o no disponen de las estrategias pertinentes para hacerlo, el resultado será una obtención de resultados, pero en un formato tan tergiversado que adultera por completo el objetivo inicial. Querer abordar la realidad partiendo del conocimiento que nos ofrece su duplicado es como querer contemplar la Vía Láctea a través de una tubería, en vez de un telescopio. Esta adulteración de la episteme, no obstante, está siempre en peligro de ser descubierta por un sujeto potencialmente activo, potencialmente crítico, un sujeto capaz de girar la mirada hacia la realidad y recuperar la narratividad, fragilidad y contingencia que esta contiene. El sujeto que se atreve a sospechar del duplicado está en condiciones de restablecer la distancia necesaria entre el mundo y su imagen. Recuperar la narratividad de las cosas significa devolver a la realidad su derecho a cambiar, aceptar que el conocimiento no puede blindarse sin perder su verdad.

En nuestro día a día podemos comprobar, de manera continua, que los elementos de la realidad, inquietos dentro de sus propios límites, luchan en todo momento por ser lo que no son, por emerger como algo diferente, por hacer uso de su indeterminación para actualizarse, para evolucionar, para revolucionarse. Todo lo que existe contiene en sí una tensión hacia lo otro. Nada es del todo lo que es porque cada forma alberga la posibilidad de transformarse. Esa inestabilidad, ese impulso interno a trascender los propios límites, constituye la vitalidad de lo real. De ahí que la realidad, lejos de ser un estado, sea un proceso: lo real no «es», sino que «llega a ser». ¿Y cómo puede lograrlo? Para alumbrar este proceso haremos uso del famoso chiste que Slavoj Zizek suele contar en sus libros (Zizek, 2021: 77): «¡Camarero! ¡Un café sin crema, por favor!» «Lo siento, señor, no tenemos crema, solo tenemos leche. ¿Le parece bien un café sin leche?». Objetivamente, el café que ofrece el camarero es el mismo que el que pide el cliente: un café solo. Lo que cambia entre el «café sin crema» y el «café sin leche» es una diferencia simbólica que tiene que ver con sus propiedades negativas, esas que no son visibles o no están en acto, pero sí en potencia. El pedido del cliente no se define por el café, que es el mismo en ambos casos, sino por la ausencia específica que lo acompaña. No pide «nada añadido», sino que pide una ausencia cualificada, una diferencia simbólica entre lo que no está. En esta sutil distinción, invisible a la mirada algorítmica, se encuentra todo el entramado de lo humano. La diferencia entre «café solo», «café sin leche» y «café sin crema» es puramente tácita, no hay ninguna diferencia «real» en la taza de café. Y aquí reside el *quid*: la diferencia se dirime entre la existencia efectiva de una cosa en un momento dado y los hechos negativos, simbólicos y/o en potencia que la determinan, y que le permitirán mutar hacia un lugar y no hacia otro. El «café sin crema» es café solo porque ha prescindido de la crema, y no de la leche. Este dominio de lo hipotético se escapa de lo que puede abordar el *positum,* y se acerca a aquello que solo puede detectar un sujeto al que le gusta la crema y, además, es alérgico a la leche. Supone una gran diferencia para este sujeto pedir un café sin crema, porque ese día está demasiado lleno, o uno sin leche, que podría matarlo. Zizek, con este chiste, está subrayando la función estructurante de la negatividad: lo que falta no es una mera carencia, sino una condición activa de sentido. La negatividad organiza la realidad tanto como la positividad. Lo que no está presente delimita y orienta lo que sí está. Cada objeto se define no solo por sus atributos visibles, sino también por sus exclusiones, sus ausencias, sus imposibilidades. Es ahí donde habita, también, la potencia del cambio: en la capacidad de lo real para incorporar sus propias negaciones en una forma posterior. Esta apertura a lo negativo es lo que el duplicado —el dato, la imagen— no posee. La virtualidad elimina el «sin» del café, el margen de indeterminación que permite a la materia devenir una cosa u otra. Para la máquina, ambos cafés son idénticos; para nuestro sujeto ficticio, uno puede ser un placer y el otro una amenaza. Lo que para la lógica del dato es una variación irrelevante, para la experiencia humana es cuestión de vida o muerte. En esta diferencia se juega toda la densidad de lo real. La negatividad, lo ausente, lo hipotético, lo simbólico, todo aquello que el duplicado descarta como ruido es, en verdad, lo que da sentido a la positividad, a la existencia, a nosotros.

Este espectro de lo negativo, de lo simbólico, es lo que la virtualidad no procesa cuando duplica los elementos de la realidad a su formato digital, centrándose en sus características positivas —o en acto— sin tener en cuenta sus condicionantes negativos —la potencia—, esos que rechaza y que hace que lo positivo sea de una forma y no de otra. En otras palabras, la virtualidad reproduce solo la superficie de los fenómenos, lo que puede codificarse o almacenarse como información. Pero toda positividad se sostiene sobre un fondo de negatividad, sobre decisiones, exclusiones y límites que no aparecen en el registro. Al digitalizar el mundo, eliminamos precisamente ese fondo. Lo que el dato no puede traducir a su lenguaje binario queda fuera del elemento. Así, la virtualidad no miente sobre lo que muestra, sino que silencia aquello que hace que lo mostrado sea lo que es. Lo que determina la dirección de nuestros pensamientos y acciones no son solo los datos, las características positivas de lo que elegimos, sino también el dominio que nos ha conducido a nuestras elecciones y que está compuesto por todo lo que hemos desechado para quedarnos con el resultado final. Cada elección humana es una operación de descarte, una síntesis

de posibilidades retiradas. ¿He desechado la leche o la crema? Esto supone una
gran diferencia en el café. Ofrezcamos otra imagen visual: un Donut se define por
su agujero —que es negativo y podría estar relleno de chocolate, miel, galleta, mer-
melada o cualquier otra cosa— y no por su masa —su dato positivo, su *positum*—.
De hecho, su *positum* es precisamente lo que es intercambiable y no definitorio del
Donut —la misma masa, de la marca Bimbo, conforma Donettes, Bollycaos, Wikis
y Panteras Rosas, entre otros bollos—, mientras que su agujero, que no es material
y podría ser cualquier cosa, es lo que constituye su identidad, lo que le convierte
en Donut y no en otra cosa. La paradoja es clara: lo visible es intercambiable, lo
invisible es esencial. De ahí que la virtualidad, al registrar solo lo intercambiable,
produzca elementos sin identidad, reproducciones sin rasgo diferencial. Los datos
son replicables, infinitamente transferibles, pero incapaces de alojar la negatividad
que hace posible la aparición de algo nuevo. En una virtualidad completamente
colmada de positividad nada puede irrumpir, todo está ya programado. Por eso la
defensa del agujero, de la negatividad, del café solo, es la forma de resistencia de la
desduplicación.

Volvamos a nuestra cuestión. El problema de la duplicación es que acabamos
tomando la positividad plasmada en ella —la masa del Donut— como el elemento
total. La duplicación nos persuade de que la parte visible, lo digitalmente representado, agota la realidad. Y esto porque la duplicación afirma compendiar las
características de cada cosa sin tener en cuenta el dominio de lo negativo. El fin
de la duplicación es mostrarnos la imagen al completo: al mostrarnos el todo, la
duplicación apela a que no hay nada nuevo que pueda aparecer. Tal y como decía
Sontag, su plenitud es una forma de muerte. Pero para conocer cualquier elemento
de la realidad requerimos de algo bien diferente a la completitud: lejos de ser un
saber sobre lo completo, el conocimiento es la actividad de hacernos cargo de los
elementos en su carácter inconcluso e inconcluyente. Conocer no significa poseer
el objeto en su plenitud, sino establecer una relación dialógica con él. Y puesto que
los elementos son inestables e inciertos, esto puede tomarse como un obstáculo para
describirlos o como una solución al dogmatismo, así como una invitación a colaborar
en su construcción. La inestabilidad de los elementos no es un problema epistemológico, sino una oferta práctica. Si los elementos nunca se agotan en lo «ensídico»,
en su «en sí» y «para sí», tal y como denunció Castoriadis, entonces no está fijado en
su «esencia» lo que pueden llegar a ser. Todo elemento tiene una dimensión *poiética*[4]
que le permite manifestar novedad, invención y posibilidad. La *poiesis* es la facultad
que permite que lo que no existía adquiera forma a través de su negatividad. Cada

---

[4]   *Poiesis* es un término griego que significa «creación» o «producción». Platón lo define en *El
banquete* como «la causa que convierte cualquier cosa que consideremos de no-ser a ser». *Poiesis* es, por
tanto, todo proceso creativo que hace emerger una nueva realidad donde no la había.

elemento del mundo posee una capacidad latente de autoproducirse, de engendrar nuevas combinaciones, de reinventar sus vínculos. Una capacidad capada en la virtualidad, que ofrece un mundo sin *poiesis*, sin el temblor del nacimiento. Debido a ello, y tal y como sentenció Adorno, podemos proclamar que «la Totalidad es la no verdad» (Adorno, 2002: 73).

3. ESTRATEGIAS PARA ACERCARNOS A LA REALIDAD: LA ACTITUD TRANSIGENTE

> Se mide la inteligencia de un individuo por la capacidad de incertidumbre que es capaz de soportar.
>
> *Immanuel Kant*

¿Significa todo esto que esa realidad incierta e inestable es absolutamente incognoscible? ¿Nunca podremos actuar de manera adecuada porque no tenemos el conocimiento adecuado? ¿Estamos abocados a pensar a partir de la duplicación de los elementos de la realidad, más fáciles de comprender y digerir, para evitar sentirnos rebasados ante su mejunje de transformaciones, contradicciones y complejidades? De ningún modo. Lo que está en crisis no es la posibilidad de conocimiento, sino la idea de un conocimiento definitivo, total y universal.

A pesar de que no exista un «método» para mirar hacia la realidad y generar conocimiento certero, un saber que nos permita actuar de manera inequívocamente adecuada en cada situación, sí existen ciertas «estrategias» que nos permiten forjar un *ethos*[5], una actitud valiosa a la hora de analizar la realidad en su condición transformativa y compleja. Allí donde fracasa la metodología rígida aparece la necesidad de una actitud, una forma de estar en el mundo. Este *ethos* propone una orientación, una actitud ante lo que acontece. No se trata tanto de aplicar un protocolo como de cultivar una sensibilidad. El *ethos* del que hablamos se basa en una actitud transigente en la que el término «transigente» no debe confundirse con pasividad, apatía o indiferencia. Ser transigente significa estar dispuesto a negociar con la ambigüedad de lo real, aceptar el conflicto como condición de la verdad y no como obstáculo para alcanzarla. La transigencia es una forma de inteligencia que sabe que la rigidez, sea intelectual o moral, solo conduce a la violencia. Frente a esa duplicación que fija los elementos, el *ethos transigente* los mantiene en diálogo. Este *ethos* no promete seguridad, pero sí lucidez para avanzar entre las sombras de lo ambiguo. El *ethos transigente* cultiva las siguientes características:

---

[5] *Ethos* es una palabra griega que significa «costumbre y conducta». Se trata de un conjunto de rasgos y modos de comportamiento que conforman el carácter o la identidad de una persona o de una comunidad.

1. Se deben eliminar las ideas de *totalidad* y *clausura* tanto de nuestro pensamiento como de nuestra praxis. Y esto porque cada situación en la que nos encontramos es abierta y está en un devenir perpetuo. Pensar desde la apertura no significa renunciar al orden, sino aceptar que el orden es siempre provisional, que se reconfigura con cada acontecimiento. Debido a ello, debemos relacionar el conocimiento que vamos generando —sí, se puede ir generando conocimiento, por muy frugal que sea— con las nuevas emergencias que van surgiendo, y esto de manera recíproca y recursiva. El conocimiento no progresa en línea recta, sino en espiral: avanza retrocediendo, se corrige mientras crea.

Para poder sobrellevar este proceso sin caer en la desesperación ni la inmovilidad, la *actitud transigente* permite que los nuevos descubrimientos permeen en nosotros sin llegar a desestabilizarnos, nos capacita para testear los nuevos elementos de los que hacemos uso y, en caso de necesitarlo, nos ayuda a eliminarlos y a sustituirlos por otros. La transigencia es la virtud que convierte lo desconocido en aprendizaje. La mente transigente es permeable pero no frágil: se deja atravesar por lo nuevo, pero conserva la capacidad de discriminar, de evaluar, de decidir con qué quedarse y qué desechar. En este sentido, no debemos tener miedo a erradicar por completo los conceptos de totalidad y de clausura de nuestro vocabulario. La cuestión no es si se puede pensar y actuar sin estas nociones, sino que estamos condenados a hacerlo. Podemos avanzar sin certezas, pero con certidumbre.

2. Se debe romper con el principio de *causalidad lineal* o *teleológica*. La teleología (del griego telos, «fin», «propósito», y logía, «discurso», «ciencia») es la ciencia que relaciona un elemento con su fin o propósito. Durante siglos, el pensamiento occidental ha buscado consuelo en la idea de que todo acontecimiento responde a una causa discernible y conduce a un fin previsible. Este esquema trata de otorgar sentido al caos del devenir, inscribiéndolo en una narrativa coherente. Se trata de un discurso que une a los objetos vivientes mostrando la necesidad de su unión, las razones, a partir de sus características, de que se deriven unos de otros de cierta manera y no de otra. Creemos comprender un fenómeno cuando logramos identificar su finalidad, su causa, su función o su destino. La teleología da una explicación de cada cosa en función de estas características. Todas las Teorías tradicionales han abrazado la teleología como justificación de los hechos que conforman la historia, en los cuales no ven más que necesidad metafísica e implacabilidad cuasi sagrada. Sin embargo, la emergencia de nuevas realidades por las vías más obtusas, caóticas e inesperadas aleja toda posible fe en la deductibilidad de los hechos. Estos están condicionados por una interacción tan innumerable de elementos que resulta conmovedor tratar de reducirlos a una causa única y última. Lo conmovedor no es la imposibilidad de reducirlos, sino lo que nos mueve a tratar de hacerlo. Una adulteración epistemológica que nos advierte que, si no lo hacemos, seremos incapaces de convivir con el caos. Pero la realidad se está re-configurando de manera continua a consecuencia de una dinámica de

re-organización incesante y permanente, es un hecho físico, biológico, cultural y filosófico del que debemos partir. Romper con la teleología no es renunciar al sentido, sino aceptar que el sentido se crea.

La *actitud transigente* reniega del principio de causalidad lineal o teleológica sin por ello caer en la anarquía o el desorden. Que las cosas estén condicionadas por numerosas causas y motivaciones no significa que las cosas no se puedan conocer y abordar. Por el contrario, significa que su conocimiento debe abandonar la rigidez de las secuencias cerradas y asumir el dinamismo de los entrecruzamientos. Conocer no es determinar una causa, sino mapear relaciones, identificar confluencias, percibir tensiones. El origen multifacético de las cosas, en lo que respecta a conocer la cosa misma, no es más impenetrable y difícil de rastrear que un origen único y último situado en el mundo de las ideas. Es por ello que se deben *historizar* los elementos de la realidad, sacarlos del enigma que les rodea y quitarles el aura de la necesidad. *Historizar* significa devolver a las cosas su evolución, reconocer que no son lo que son por naturaleza, sino por historia. Lo que ha tenido un comienzo puede tener un final, y lo que ha sido construido de un modo puede ser reconstruido de otro. La *actitud transigente*, al quitar a los elementos su aura de necesidad, los libera para que puedan continuar su evolución.

3. Se debe entender la *identidad* como algo dependiente, mutable e inconsistente, y no como algo independiente, permanente y fronterizo. Al igual que la propia realidad, las identidades componen una mezcla de características sin clausura, totalidad ni teleología. Cada rasgo, cada vínculo, cada pensamiento, cada afecto y cada acción participa en su configuración, pero ninguno la define por completo. De ahí que la pretensión de fijar una identidad implique siempre una forma de violencia: la violencia de clausurar un proceso vivo para convertirlo en un signo muerto. Todo individuo y elemento, para mantener su identidad, necesita de la apertura al contexto del que se nutre: no hay posibilidad de identidad sin múltiples dependencias. La construcción de la identidad implica dependencia del ecosistema natural, social, cultural, educacional y político en el que se habita. Por eso la identidad no es una esencia sino una práctica, una forma de negociar, día a día, con las determinaciones que la constituyen. Y puesto que cada una de esas determinaciones está sujeta a cambio, la identidad misma es una tarea interminable. Aunque la identidad es, en términos generales, la concepción que se tiene de una persona o elemento en relación con su particularidad, comprobamos día a día que esta particularidad no deja de mutar.

La *actitud transigente* es capaz de quedarse con los rasgos aprovechables del concepto de identidad —empezando por la posibilidad de aprehender la particularidad de las cosas— sin por ello caer en sus rasgos perniciosos o poco beneficiosos —clausura, totalidad, teleología, necesidad, permanencia...—. Esta capacidad de discriminar entre lo valioso y lo nocivo es, quizá, el mayor signo de madurez del pensamiento transigente. La *actitud transigente* asume que las identidades tienen capas utilizables y zonas de sombra, y que el pensamiento debe atravesar ambas sin perder el equilibrio. La transigencia se traduce en este caso en discernimiento.

4. Se debe aprender a pensar a través de *diferentes lógicas* que pueden parecer antagónicas si se las mira desde un prisma reduccionista, pero que, miradas desde una perspectiva más amplia, no solo no lo son, sino que se enriquecen y se complementan mutuamente. Se trata de la asociación compleja de conceptos e ideas diversas que, con el fin de ampliar su fertilidad, se combinan para potenciarse. La combinación de lógicas no implica confusión, sino polifonía. Como en una sinfonía, cada voz mantiene su timbre propio, pero el conjunto adquiere una profundidad que ninguna de ellas podría alcanzar por sí sola. Este es el principio de la complejidad en el sentido que Edgar Morin dio al término: pensar la realidad no como un sistema cerrado, sino como una red de interacciones, bucles y retroalimentaciones. Solo un pensamiento capaz de articular distintas lógicas puede acercarse al ritmo del mundo, que no es lineal ni homogéneo, sino plural, simultáneo y cambiante. No podemos interpretar la realidad con una sola lógica por un motivo puramente cognoscitivo: si la lógica se define como la ciencia que explora las leyes que gobiernan cada cosa, rastrear la lógica de unos elementos que están gobernados e influenciados por innumerables motivaciones no solo se torna inviable, sino que su renuncia ni siquiera supone una pérdida importante para el sujeto. Y esto porque para conocer algo no es necesario implantarle una lógica unitaria y artificial, sino acercarse a ello de la manera más fiel posible a su propio modo de ser. Solo quien acepta que el mundo no cabe en una sola lógica puede dialogar con él sin destruirlo.

La *actitud transigente* es capaz de transgredir las fronteras de las diferentes lógicas y *ver* —que no de *tender*— puentes donde otras lógicas *ven* —y por lo tanto *crean*— barreras. Por eso la transigencia no es solo una estrategia cognitiva, sino una forma ética de estar en el mundo. Ver puentes donde otros ven barreras implica aceptar que lo desconocido no es una amenaza, sino una posibilidad de expansión. Significa abandonar la lógica del dominio y abrazar una lógica del encuentro y el aprendizaje. Allí donde el pensamiento tradicional se blinda en certezas, la *actitud transigente* se abre al intercambio; donde la identidad levanta muros, la transigencia cultiva caminos.

Estas estrategias para pensar y actuar en la realidad se hacen necesarias cuando la racionalidad no es perfecta y la experiencia no es una fuente clara e inequívoca de conocimiento. Si sabemos que el conocimiento no es una simple acumulación de datos, sino que llega a partir de la interpretación de los datos; si sabemos que la lógica no tiene un valor absoluto, sino que está condicionada por la existencia de otras lógicas; si sabemos que la teoría no puede ser tradicional, puesto que la realidad es inacabada y está en continua transformación, entonces no podemos empeñarnos en asir el mundo a partir de sistemas, estructuras y creencias definitivas. Los sistemas cerrados, las teorías rígidas y las creencias absolutas no fracasan porque sean erróneas, sino porque son insuficientes para contener la vitalidad de lo real. La *actitud transigente* puede y debe ayudarnos en esta labor partiendo de las estrategias descritas, cuya función, como decíamos, no es ofrecer un método infalible, sino una orientación ética y cognitiva: la de pensar sin clausurar, la de actuar sin esperar garantías. La transigencia no aboga por un saber final, sino que propone una práctica continua de reajuste y diálogo con lo que nos rodea.

Frente a la «ansiedad cartesiana» de conocimiento certero, esa que cree que lo contrario de un fundamento sólido e indudable es el relativismo absoluto, debemos ubicar la vida en una constelación de ideas que se pueden modificar a conveniencia en cada momento de su historia. Se trata de sacar los elementos de su petrificación, de su duplicación, de su positivización. Pensar sin ansiedad cartesiana significa liberar los conceptos de la rigidez que los convierte en presas enjauladas, en miniaturas. No hay fórmula que determine de una vez y para siempre la relación entre individuo, sociedad e historia, pero sí hay estrategias que permiten que esta relación sea una oportunidad, más que un tormento. De ahí que el desafío no consista en buscar una forma final para esa relación, sino en aprender a orientarnos dentro de ella. Cada época debe inventar sus propias coordenadas sin olvidar que, en cuanto se las fija demasiado, dejan de orientarnos para convertirse en cadenas.

III

LA SOCIEDAD HUMANA

El sujeto ideal del gobierno totalitario no es el nazi convencido o el comunista convencido, sino las personas para quienes la distinción entre realidad y ficción, verdad y apariencia, ya no existe.

Hannah Arendt

La sociedad humana se configura como un entramado de relaciones diversas que evolucionan en función de un condicionante: la concepción que sus miembros tienen sobre su papel en el contexto. La forma en que una comunidad se percibe a sí misma —como sujeto activo o como mero receptor de fuerzas externas— determina sus instituciones, su cultura y hasta sus ideales morales. La historia de la humanidad puede leerse, en este sentido, como la oscilación entre la aceptación pasiva del orden establecido y la voluntad de transformarlo. Cada época reinventa esta tensión según su propio lenguaje: en algunos periodos se expresó como obediencia religiosa, en otros como determinismo científico, en otros como fe ciega en el progreso técnico. Pero en todos los casos, la cuestión de fondo era la misma: ¿somos los autores de nuestro rumbo o sus productos accidentales?

Como indicábamos en la introducción, la sociedad ha fluctuado históricamente entre la percepción del contexto como algo dado —Teoría tradicional— y la comprensión de este como algo modificable —Teoría crítica—. Se trata de dos formas de habitar el mundo. La Teoría tradicional toma la realidad como un escenario inmutable en el que cada elemento tiene su lugar fijado, y las transformaciones se entienden como desviaciones. La Teoría crítica, por contra, afirma que el escenario no es natural, sino histórico, y que por tanto puede ser alterado. Aunque cada época esté dominada por un paradigma, ninguno de los dos desaparece del todo: conviven, se enfrentan y, en ocasiones, se confunden. De ahí que los momentos de aparente liberación terminen, muchas veces, consolidando nuevas formas de dependencia. Si bien la Modernidad trajo consigo la promesa de una humanidad capaz de moldear su destino, las Teorías tradicionales han reemergido cada cierto tiempo y bajo nuevas e insospechadas formas. La digitalización es una de ellas: la duplicación de los elementos de la realidad al espacio virtual, con la supresión de características que esto conlleva, genera nuevas formas de clausura que deben ser examinadas con detenimiento. La digitalización, con su tendencia a convertir los elementos en datos, en *positum*, aboga nuevamente por una visión cerrada de lo social, donde la posibilidad de contradicción, apertura y *acontecimiento* —término que examinaremos a continuación— se ve drásticamente reducida. En este contexto emerge la siguiente pregunta: ¿puede la sociedad humana, en su estado de digitalización creciente, conservar su capacidad de intervención en su contexto? ¿Podremos seguir siendo sujetos históricos capaces de transformar nuestro entorno cuando nuestra mirada está enclaustrada en su duplicación, gobernada por datos?

Podemos hablar de cambio social allí donde no existe una integración total entre la cosa y la imagen, entre el original y su representación, entre la duplicación y la capacidad del sujeto para ubicar que es una duplicación. El cambio nace en sociedades e individuos que no confunden el mapa con el territorio, que se reconocen como narradores de su propia historia. Ser sujeto es ser actor y estratega, ser capaz de resistir a las imposiciones estructurales y redimir las injusticias del pasado y del presente en un futuro diferente. Ser sujeto es ser capaz de reinterpretar el propio margen de maniobra dentro de las estructuras que lo condicionan. Esto implica mantener abierta la posibilidad de responder —y no solo de reaccionar— y de articular esa respuesta en un proyecto conjunto. El cambio social no nace de un lugar metahumano, sino de uno muy humano y muy concreto: lo provocan actores tanto individuales como colectivos, pero actores humanos y no leyes suprahumanas. El cambio social nace en el conflicto entre lo que es y lo que podría ser, entre agentes y estructura, entre el estado actual, positivo de las cosas y las posibilidades que ofrece la negatividad que las atraviesa. Allí donde algo resiste la identificación total, donde su estado actual no logra absorber completamente su estado posible, se insinúa la promesa de un evento. El cambio social, por ende, radica en la certeza de que las cosas pueden ser absolutamente diferentes a como son en la actualidad. La piedra mosqueta del cambio social es, por tanto, el *acontecimiento*.

1.   UN ELEMENTO DE LA REALIDAD PUEDE TRANSFORMARSE EN ACONTECIMIENTO

> El optimismo inteligente nunca es fe en el progreso, sino esperanza de milagro.
> *Nicolás Gómez Dávila*

El acontecimiento se define por ser el efecto que excede sus causas, un suceso que escapa a cualquier continuación «lógica» de lo que había, el umbral que abre un abismo entre lo anterior y lo siguiente. El acontecimiento es la aparición inesperada de algo nuevo que debilita cualquier diseño anterior, cualquier posible continuidad, cualquier aparente deductibilidad de los hechos. No prolonga lo que existía, lo reescribe. En su esencia, un acontecimiento no ocurre dentro de lo que hay, sino que consiste en un cambio del propio planteamiento a través del cual percibimos lo que hay, lo comprendemos y nos relacionamos con ello. Es por esto que el acontecimiento no es un hecho imprevisto, sino una reestructuración de lo que es previsible que suceda. El mundo no «contiene» el acontecimiento como una de sus partes, sino que es el acontecimiento el que redefine lo que el mundo puede ofrecer. El acontecimiento es por tanto la activación del campo de lo hipotético, que está siempre por debajo de la superficie de lo visible, y la irrupción de nuevas materializaciones imposibles de prever a partir de lo anterior. Esta concepción de acontecimiento se posiciona en las antípodas de una historia determinista, donde los hechos del mundo simplemente se suceden por una lógica inmanente que no permite rupturas significativas.

Si la posibilidad de acontecimiento depende de la indeterminación de lo real; si el acontecimiento depende de la existencia de un campo de lo hipotético y de lo no programado; entonces la duplicación del mundo a una imagen digital esconde esta posibilidad, al presentar una realidad cuyas características se sumergen en lo definitivo y cuyas coordenadas no permiten aparecer nada «por sorpresa». La lógica de la duplicación, con su obsesión por la predicción, la trazabilidad y el control, elimina el margen de incertidumbre y negatividad en el que germina el acontecimiento. Donde este exige apertura, la virtualidad ofrece clausura; donde el primero convoca a la creación, el segundo impone repetición. Pese a ello, pese a que nuestra Teoría tradicional intenta, al igual que las otras, enclaustrar la realidad en un relato definitivo, no debemos resignarnos. La historia muestra que toda clausura es provisional. Ningún sistema establecido, por más hegemónico que parezca, ha logrado suprimir la emergencia de lo inesperado. Un rápido vistazo a los hechos nos muestra que el acontecimiento emerge incluso en los momentos de mayor clausura y hegemonía: el estallido de Mayo del 68 en una Francia aparentemente estable y unitaria; la emergencia de la teoría de la relatividad de Einstein en una física dominada por el paradigma newtoniano; la caída del Muro de Berlín y su reconfiguración del mapa político mundial; la Revolución Haitiana, en la que los esclavos demolieron el edificio colonial y forzaron al mundo occidental a mirarse en su espejo más incómodo; la revolución feminista de los años 60 y 70, cuestionando siglos de patriarcado naturalizado; o la propia creación de Internet, que transformó radicalmente la vida humana sin derivarse de un plan previo. Todos estos acontecimientos, así como innumerables otros, no se podían deducir del estado anterior de las cosas sino que irrumpieron, trastocaron y abrieron nuevas coordenadas para pensar y vivir la realidad. Estos eventos revelaron que lo real no está condenado a repetirse. Cada uno de ellos testimonia la persistencia de un principio de indeterminación que ninguna Teoría tradicional ha logrado erradicar.

La resistencia del acontecimiento a la lógica de lo anterior indica que la posibilidad de lo nuevo nunca se extingue por completo, porque pertenece a la realidad y porque siempre encuentra resquicios a través de los cuales filtrarse. La posibilidad de acontecimiento en la era de la duplicación virtual depende de la capacidad del sujeto para extraer su mirada de los límites de la estructura algorítmica e impedir que dicha estructura permee en su capacidad de ver y de pensar, en su episteme y en su praxis. Todo se dirime en si somos capaces de abrir nuevas coordenadas para la emergencia de lo inesperado, y esto tanto en la realidad que tenemos enfrente como en nuestra propia percepción. Pero a este proceso, el proceso de *subjetivación*, volveremos en el siguiente epígrafe; por ahora retomemos la noción de acontecimiento.

Tras la aparición de un acontecimiento no solo se crea una realidad nueva, sino que aparecen, de manera retroactiva, las posibilidades de su misma aparición. Dicho de otro modo: el acontecimiento no solo inaugura algo, sino que reescribe el pasado desde el cual emerge. Esto significa que las posibilidades de su aparición no existían antes del acontecimiento, o al menos no existían en el campo de lo visible, del *positum*, de lo activado. Sus posibilidades pertenecían al campo de lo hipotético, de lo simbólico, de la negatividad. Debido a ello, el acontecimiento no supone la materialización de una estructura que ya estuviera disponible en las coordenadas anteriores; el «milagro» es que la estructura nueva *no estaba disponible* en las coordenadas previas, no se derivaba de ellas. Si lo hiciese, no sería un acontecimiento, sino una continuación. Esta es la diferencia esencial entre derivación y acontecimiento. La derivación es la prolongación, por diversas formas, de un orden preexistente; el acontecimiento es la interrupción que introduce un nuevo principio de organización.

El acontecimiento *crea* sus propias coordenadas de existencia, sus coordenadas de aparición. Al emerger instituye un nuevo marco de inteligibilidad, un nuevo lenguaje desde el cual se puede pensar lo que antes era impensable. Esto desemboca en que una vez aparece el acontecimiento, una vez se esclarecen sus coordenadas de aparición, parece que el acontecimiento siempre estuvo ahí, disponible, acechando, esperando a ser activado. La paradoja del acontecimiento es que lo que antes era impensable se nos aparece, tras su irrupción, como inevitable.

La temporalidad específica del acontecimiento consiste en una prodigiosa inversión del «todavía no» en «siempre ya». Jacques Lacan describió esta temporalización como un enroque entre «lo que no parecía posible» y «lo que no puede dejar de aparecer», entre el «no deja ser escrito» y «no deja de escribirse». El acontecimiento disloca el tiempo: lo que no debía llegar se precipita. Es una forma de anacronismo, el futuro se introduce en el pasado. Cuando irrumpe un acontecimiento, siempre hay un intervalo en el que las cosas cambian muy gradualmente debido a que el cambio es subterráneo, se va propagando de forma secreta por debajo de lo visible, como una infección. Es un murmullo en el subsuelo del sentido, una tensión que recorre las estructuras sin romperlas todavía. Por eso, cuando finalmente emerge, lo hace como una revelación, y no porque haya aparecido de repente, sino porque su trabajo silencioso ha madurado hasta hacerse inapelable. Cuando la infección emerge a la superficie, el infiltrado ya ha terminado su labor contagiosa y la batalla se ha completado; lo único que cabe hacer es asimilarla y tratar de comprender, de manera retroactiva, qué ha pasado y por qué es inevitable. Aquí reside la inversión de la contingencia en necesidad: las cosas «habrán sido» necesarias cuando sus coordenadas de aparición, que en un principio solo eran hipotéticas, son transformadas *por los sujetos* en necesarias. La necesidad del acontecimiento, por tanto, no está en su origen, sino en su narración. Es la nueva lógica del sujeto la que es capaz de interpretarlo de manera retroactiva, de ubicarlo en el paradigma anterior. Así lo plasma Alexei Yurchak en el título de su famosa novela sobre la caída de la Unión Soviética: *Everything was forever, until it was no more* (Todo era para siempre, hasta que dejó de serlo).

Volvamos a nuestro punto de partida: ¿el acontecimiento es posible dentro de la virtualidad? Por el carácter cerrado y tautológico de los algoritmos nos sentimos con la legitimidad ganada para afirmar que no lo es. Entonces, ¿el acontecimiento puede liberarnos no tanto de la virtualidad como de pensar *únicamente* a partir de sus características? ¿Estamos preparados nosotros, sujetos sumergidos en la virtualidad, para dejar paso al acontecimiento, o mejor aún, para dar espacio a las coordenadas de su aparición? Esta es la cuestión decisiva, puesto que el acontecimiento no es algo que sucede, sino algo que debe ser acogido. Su posibilidad depende de nuestra disposición a soportar la irrupción de lo inesperado. Estar disponibles para el acontecimiento equivale a sustraernos, aunque sea por un instante, del circuito de la derivación algorítmica a la que estamos acostumbrados, ser transigentes con lo nuevo.

Para abordar estas preguntas recogemos el guante de Zizek (2014: 159) cuando dice que, quizá, deberíamos empezar por renunciar al mito del «gran despertar». Esa creencia de que, de un momento a otro, despertaremos del letargo en el que estamos sumergidos —ya sea la virtualidad, el capitalismo, el cristianismo o cualquier otro «opio del pueblo»— y que nos aleja de la auténtica realidad, impidiéndonos unir nuestras fuerzas de manera cooperativa y justa hacia la organización de una nueva sociedad. Entonces, si no habrá un gran despertar, ¿de qué forma podremos quitarnos de encima el letargo? En este punto es sensato que nos apoyemos en Hegel y su noción de dialéctica. Un proceso dialéctico, dice Hegel, implica que el mundo no cambia de manera lineal, deductible e inequívoca, sino que transcurre por derroteros mucho más entrelazados, confusos y con momentos de retorno de lo que nos gustaría aceptar. Cada progreso contiene un retroceso, cada síntesis engendra una antítesis. Así las cosas, en nuestra persecución de una nueva realidad, siempre partimos de una idea clara y motivadora hacia la que nos dirigimos y nos esforzamos. Sin embargo, en el transcurso de este esfuerzo, esa idea que nos parecía tan clara sufre una profunda transformación, porque la idea está condicionada por su propio desarrollo y proceso. Lo que ocurre en esos momentos es que se redefine la dimensión misma de la idea, se revocan sus características esenciales y se reconfiguran hasta dar a nacer una idea completamente diferente. Se impone así una nueva idea, una idea actualizada que actualiza asimismo su punto de llegada. La supresión de la idea anterior en un formato posterior y, en cierto modo, superior —puesto que reúne en su seno las características del formato anterior más aquellas que ha ido descubriendo en su proceso de despliegue— es el resultado de este proceso. Este movimiento de superación, la *Aufhebung* hegeliana, desemboca en una transfiguración: lo viejo no desaparece, sino que se preserva transformado dentro de lo nuevo.

De este modo, el proceso dialéctico se apoya en el acontecimiento, es decir, en la aparición y materialización de las propiedades negativas de la historia dentro de la positividad, esas propiedades que estaban por debajo de la superficie e irrumpen sin que nadie las prevea. La historia no avanza por la acumulación de hechos, sino por la irrupción de lo que estaba negado en ellos. Esto no significa que el acontecimiento surja por sí solo, sin la mediación de los individuos; de hecho, son los individuos los que lo provocan. Significa más bien que la comprensión de los acontecimientos y de sus causas solo se puede entender de manera retroactiva, cuando ya se han vuelto inevitables. Este desfase entre la experiencia y su comprensión es el núcleo de la dialéctica: la verdad se revela solo a posteriori, cuando lo que parecía contingente se descubre como necesario. A esto apuntaba Hegel con su famosa proclama: «La lechuza de Minerva emprende el vuelo al caer el crepúsculo» (Hegel, 2005: 47). Y esto porque los sujetos, en la búsqueda de sus objetivos, provocan algo incomprensible para sus yos anteriores. En esto consiste el movimiento de superación.

El acontecimiento, entonces, no es aquello que transforma la estructura de la realidad, o no solo. El acontecimiento es aquello que transforma al sujeto que lo presencia, lo protagoniza y/o lo provoca hasta convertirlo en agente o usuario del mismísimo acontecimiento. No hay acontecimiento sin sujetos/agentes. Tal y como indicábamos con anterioridad, toda irrupción encuentra su sentido en la manera en que es acogida, resistida o interpretada por los sujetos. La irrupción de lo nuevo altera el curso de los hechos reconfigurando la posición del sujeto en el mundo, habilitando su intervención y tendiendo nuevas formas de relación y comprensión. En este sentido, el acontecimiento es tanto una ruptura externa en la secuencia de lo real como un umbral interno, una grieta por la que el sujeto emerge de otra manera, como alguien diferente al que era antes. Cada acontecimiento deja tras de sí un «antes» y un «después», es un instante de metamorfosis que revela hasta qué punto lo humano es procesual, inacabado y contingente. El acontecimiento, en su potencia transformadora, interviene la realidad inaugurando una subjetividad que no estaba disponible antes de su aparición. Debido a ello, para que el acontecimiento sea posible y despliegue su potencia, es preciso que el sujeto se mantenga permeable. Esta será nuestra siguiente cuestión: la posibilidad misma de devenir sujeto.

2. LA APERTURA DE LA REALIDAD PERMITE SUBJETIVARNOS

> Y Zaratustra habló así al pueblo:
> ¡Ay! ¡Llegará el tiempo en que el hombre dejará de lanzar la flecha de su anhelo
> más allá del hombre, y en que la cuerda de su arco no sabrá ya vibrar!
>
> *Friedrich Nietzsche*

Para Adorno, el verdadero y único acontecimiento al que puede aspirar el ser humano es el de la creación de la subjetividad. Un acontecimiento que, según el alemán, emerge únicamente cuando logramos *acertar*, cuando conseguimos materializar esa idea que perseguimos y por la que nos esforzamos y que nunca nos está garantizada del todo, por mucho que pongamos de nuestra parte. Pero que, no obstante, nos obstinamos en perseguir. En el pensamiento de Adorno, el acierto consiste en un instante fugaz en el que el sujeto logra una reconciliación momentánea con la realidad sin caer en su dominio. No obstante, acierto y error se entrelazan de manera continua: solo quien fracasa, quien experimenta la desproporción entre su intención y el mundo, puede aspirar al acierto genuino. El error, como en toda dialéctica, no es un desvío, sino la condición misma del acierto, su punto de apoyo para irrumpir. La creación de un sujeto más elevado a través de la experiencia del acertar, lo cual, no hay que olvidarlo, ha transitado reiteradamente por el fallar, es lo que debe garantizar una sociedad que aún prometa espacio para proyectar nuestro intento; un espacio en el que lo que hay y lo que podría haber no esté completamente solapado; un espacio en el que haya margen para la aparición. Esa sociedad debe garantizar unas coordenadas que den cabida a experiencias subjetivadoras, las cuales solo pueden nacer del acertar en un mundo que no esté enteramente fijado. Una experiencia subjetivadora no es aquella que nos transforma en otra cosa, sino la que pone en duda que fuéramos la cosa que creíamos ser anteriormente.

Recordemos que el proceso dialéctico dicta que es necesario pasar por «etapas», «niveles» o «errores» para superarlos e incorporarlos en nosotros en una forma más compleja, más elevada. La experiencia del error es el terreno donde el sujeto se descubre como ser inacabado: errar es reconocer la distancia entre lo que somos y lo que podemos ser. La subjetividad se despliega cuando la conciencia tropieza con su límite y lo convierte en ocasión. Debido a ello, solo podremos devenir subjetividades más complejas *si y solo si* nos encontramos en un hábitat donde los errores, así como los aciertos, no estén administrados y predeterminados en su desarrollo.

La creencia de que puede *hacerse* el acierto; la creencia de que los datos de la realidad pueden ser clarificados y virtualizados hasta que cualquier sujeto pueda dominar sus coordenadas y asegurar su acierto; todo ello nace de un intento por disolver la distancia entre el intentar y el acertar, invistiendo a los humanos de un poder cuasi sobrenatural. En la lógica digital, este deseo adopta la forma de una promesa de infalibilidad. Los algoritmos de predicción, las métricas de rendimiento, los sistemas de evaluación pretenden eliminar el error que acompaña todo acto humano. En este entorno, el error deja de verse como una oportunidad para convertirse en una enfermedad que debe ser extirpada. La duplicación prometida por la virtualidad es un mundo en el que el fallo no tiene cabida. Con ello se destruye *ipso facto* la idea del acertar como acontecimiento, como «feliz consumación», como irrupción cuasi milagrosa en un orden dado. Y esto destruye asimismo la añadidura que dicho acontecimiento, cuyo desenlace *nos está sustraído*, supone para el individuo. Si se solapan el intentar y el acertar, si se asegura su unión, se suprime el requisito principal del acertar, que es la distancia. Esta es su condición de posibilidad. La distancia es la esencia del acertar porque procura ese tránsito que el agente debe recorrer para ganar la añadidura que le permitirá evolucionar, subjetivarse, mejorar. En la inmediatez absoluta que promete la virtualidad, en la que toda acción encuentra su recompensa instantánea y todo deseo su satisfacción, el sujeto pierde la tensión que lo impulsa a superarse.

Una vida genuinamente humana es una vida en la que la diferencia entre intentar y acertar sigue existiendo, en la que las acciones, que no dependen únicamente del sujeto sino también del contexto en el que se proyectan, disfrutan de cierta indeterminación para acontecer y ofrecer la añadidura correspondiente a sus agentes. Que haya o no vida digna, una vida en la que sea posible evolucionar, depende de las posibilidades de errar que la sociedad ofrece. En otras palabras: depende de que la sociedad no esté compuesta por elementos cerrados y mantenga el espacio suficiente para que los agentes puedan seguir esforzándose en la persecución de sus objetivos.

Si la sociedad es «falsa», como diría Adorno, si en la sociedad no hay distancia entre obrar y acertar y solo hay trayectos calculados y predestinados, no hay lugar para la realización de la individualidad, que siempre necesita de la indeterminación, y desde luego no hay lugar para la emancipación. Cuando Adorno califica a una sociedad como «falsa» no denuncia una mentira superficial, sino una falsedad estructural: una forma de organización que, por un lado, se presenta como natural e inmutable, ocultando su carácter histórico, y por otro, contiene todos los elementos denunciados por la actitud transigente: totalidad, clausura, teleología, identidad, unidad lógica... Lo «falso» de la sociedad digital reside en presentarse como una duplicación de un mundo que no contiene esos elementos, mientras ella sí los contiene. Es por ello que la falsedad del mundo virtual no se vence con algoritmos más certeros, sino con la recuperación de un mundo que contenga la posibilidad de errar.

Se podría decir que el individuo puede tener *suerte* en la sociedad digital; recordemos que esta sociedad es indisociable del capitalismo. Y tal vez no haya habido sociedad alguna en la que acaezca, de cuando en cuando, tanta suerte como en la capitalista. Pero en esta suerte nada puede convertirse en añadidura. Y esto porque la suerte capitalista no es acierto, no es consumación feliz, puesto que la suerte capitalista no es un hacer propio sino un mero acaecer-desde-fuera. No hay encuentro entre intención y resultado: hay azar. En el capitalismo, uno compra boletos y espera a ver si le toca la lotería. En este tipo de acto no hay acierto porque no hay esfuerzo: todo depende del hado. Sin embargo, el acertar del que hablamos tiene que estar en cierta *relación de sentido* con el sujeto o la sociedad que se esfuerzan por él, que lo persiguen y que, a veces, logran materializar. En la suerte capitalista no existe relación de sentido con los agentes: la suerte es un premio *non meruit*, un premio sin nombre que puede acaecer —o no— a cualquiera. Por ello no puede elevar ni complejizar a ninguno, porque la añadidura sí tiene nombre. Por eso el éxito capitalista carece de gloria. Se disuelve tan pronto como llega, puesto que no hay correspondencia entre la recompensa y la acción originaria. Se trata de la consumación entre la nada y el premio. En cambio, el acierto como acontecimiento, ese que implica al sujeto en su recorrido, contiene una recompensa divina. Y esto porque la añadidura, al contrario que la suerte, no cae del cielo ni de un algoritmo: se conquista.

Vivir en una sociedad capitalista implica vivir en un mundo de esfuerzos programados en el que ya no hay nombres, en la que los aciertos son anónimos y están administrados por alguien más, convirtiéndose en algo que acaece —o no—. Mientras que el acierto verdadero, el acierto que se esfuerza por la consumación feliz, consiste en «hacer cosas de las que no sabemos del todo lo que son» (Adorno, 2004: 77), y que por ello nos ofrecen añadidura, el acierto capitalista es precisamente lo contrario: perseguir cosas que sabemos perfectamente lo que son, puesto que están bien descritas y promocionadas por el entorno, y que por ello no nos pueden ofrecer añadidura. La humanidad duplicada renuncia así a las posibilidades de lo real, que son muchas más que lo realizado. Todo aquello que podría irrumpir, transformar o contradecir se disuelve en la virtualidad. Esta humanidad se despide del sujeto logrado en la Modernidad tras los eventos que mostraron que podía intervenir su realidad, un sujeto crítico, freudiano y marxista, y lo cambia por un sujeto unidimensional, escasamente transigente y apenas dialéctico, un consumidor poco interesado en interpretar debidamente lo que ocurre a su alrededor. Este individuo ha sido despojado de los recursos para construir una comprensión de lo político, que es tanto su concepción sobre sí mismo como sobre el mundo que le rodea así como sobre su relación con él.

Esto genera una distancia cada vez mayor entre la capacidad de comprensión de los individuos y la complejidad de la totalidad social. La realidad se vuelve inabarcable y el sujeto se repliega sobre sí mismo. El debilitamiento del «yo», su desubjetivación, es el correlato de su impotencia frente al avance de la administración de la vida, una administración que tiene su mayor consecuencia en la desarticulación de su episteme. Se entiende así el modo en que la sociedad digital ha podido avanzar, aun simplificando en demasía tanto los elementos de la realidad como a nosotros mismos: esta sociedad no sobrevive eliminando lo que más nos importa, sino convirtiéndolo en *positum*. Esto no significa que dejemos de disfrutar de las cosas que nos importan o que nuestra posibilidad de subjetivación desaparezca. La posibilidad permanece y permanecerá, en tanto en cuanto el ser humano siga existiendo. La falta inaceptable es que transcurran vidas o generaciones enteras en las que esta posibilidad no se active. ¿Importa mantenerla a nuestra disposición si no se hace uso de ella? ¿Acaso es menos grave seguir disponiendo de ella, sin utilizarla, que no disponer de ella? Una humanidad que conserva la facultad de pensar y actuar, pero no la ejerce, no es menos esclava que aquella a la que se le niega. Esta es la cuestión que la humanidad se debe plantear en este punto de su historia: no se trata de averiguar si estamos virtualmente alienados y si lo estamos para siempre. Tampoco de creer que cualquier tiempo pasado, sin virtualidad, fue mejor. Se trata de reflexionar de nuevo, como en cada época dominada por una Teoría tradicional,

sobre el trayecto que nos permita salir de su trampa. Y esto con motivo de que las
vidas sean más humanas durante su tiempo vital, lo que significa más subjetivadas,
conscientes, autodeterminadas, transigentes, complejas…

Entonces, y volviendo a nuestro tema, ¿qué cabe hacer con esa sociedad que duplica los elementos y restringe las posibilidades de acontecimiento y subjetivación?
Para empezar, el «yo» debe salir de su identificación con su duplicado digital, ese
entorno en el que navega durante numerosas horas al día. Debe localizar la distancia
ontológica entre él y el cúmulo de datos administrados que hablan de él —algoritmos que recopilan sus gustos, preferencias, miedos, deseos, necesidades, etc.—.
Debe negarse a tomar esos datos como una verdad inapelable e inalterable, desha-
cerse de su visión de sí mismo como un *positum*, como *algo* que no puede cambiar o
evolucionar. En el momento en que el yo acepta como verdadero su retrato digital
—sus métricas, sus historiales, sus búsquedas, sus perfiles—, pierde el acceso a su
propia negatividad. La identidad deja de ser un proceso y se convierte en una ruina
artificial, en un archivo. La salida, por tanto, no es la desconexión, sino la mediación
consciente de un sujeto interesado en generar esta nueva distancia. De este modo
podrá tender puentes constructivos con la sociedad digital, así como con la sociedad
material en la que proyectar sus intentos. Puentes de los que podrá extraer modos
diferentes de ser y de vivir. Recordemos que el yo no es una identidad cerrada, sino
una particularidad muy abierta, voluble e inestable. Así las cosas, su misión es tomar
el espacio abierto entre él y su alteridad —la sociedad, los otros y sí mismo— como
lugar donde proyectar su acierto. Se trata de proteger esa negatividad que, como
venimos diciendo, no hay que eliminar, sino utilizar por ser el único espacio donde
pueden emerger los acontecimientos, las nuevas posibilidades.

Ya Horkheimer y Adorno advirtieron hace un siglo: «Si fuese permitido especular
sobre el estado de reconciliación, no cabría representarse en él ni la indiferenciada
unidad de sujeto y objeto ni su hostil antítesis; antes bien, la comunicación de lo
diferente» (Adorno, Horkheimer, 1994: 271). Con esto apuntaban a que nuestra
subjetividad está inevitablemente mediada por el entorno, y que es precisamente la
consciencia de esta mediación lo que nos permitirá convertirnos en seres realmente
humanos: *solo transformando esta mediación en otra mediación más humana podremos
humanizarnos*. Solo transformando *esta* sociedad en *otra* sociedad, una sociedad en la
que permanezca la virtualidad pero concebida de otra forma, evitaremos caer en las
consecuencias negativas de eso que venimos llamando «humanidad duplicada». El
letargo que sufrimos no radica en la existencia de mediaciones virtuales tanto como en
su inconsciencia, en su opacidad, en la confusión de que nos medie sin darnos cuenta.
Pensamos a través de sus categorías sin percibirlo. Por eso la verdadera emancipación
no consiste en suprimir las mediaciones, sino en hacerlas visibles para poder transformarlas, de modo que dejen de ser instrumentos de dominación y se conviertan en
condiciones de posibilidad de una vida más digna. Sin la consciencia de lo que nos
condiciona y nos media estamos condenados a perpetuarlo, a mantenerlo y a man-

tenernos a nosotros mismos como meros *positum*; sin esta consciencia no podremos transformarlo ni transformarnos a nosotros mismos en una mediación más compleja, más moral. La crítica de la mediación desemboca, pues, en un atisbo de lucidez: no basta con reconocernos determinados para emprender la transformación de nuestra determinación, sino que una vez estamos en proceso de transformarnos nos ubicamos, de manera retroactiva, determinados. Se trata de un acontecimiento.

3. LA ACCIÓN PERMITE EL ACONTECIMIENTO Y LA SUBJETIVACIÓN

> El juego seguirá valiendo la pena mientras no sepamos cómo termina.
> *Michel Foucault*

La acción es en rigor aquello que no puede repetirse, aquello que sucede solo una vez. Aunque se quiera repetir la misma acción en dos momentos diferentes, la complejidad del contexto y de los agentes impide que la acción pueda duplicarse de forma exacta. En este sentido, la acción pertenece al mundo humano y se alza como su elemento más representativo: cada acto se inscribe en una red de circunstancias irreproducibles —un aquí, un ahora, una intención, una relación con los otros y con uno mismo, un estadio evolutivo, una negatividad concreta y un largo etcétera—. Es por ello que la acción es el ingrediente principal del acierto, y a través de ella entenderemos mejor el motivo por el que nunca podemos asegurarlo: la acción, cuando persigue su objetivo, es frágil y precaria. Pero la acción compensa su precariedad con su capacidad para ser intentada de nuevo, es decir, con el hecho de que, a pesar de que su resultado nos esté sustraído, su objetivo último puede volver a ser perseguido. En cada intento se reactiva la esperanza del acierto, y con ello, la de la transformación. La acción, al poder ser reintentada, nos conecta con la evolución, mostrándonos que no vivimos en un presente clausurado, sino en una continuidad abierta de ensayos, errores y superaciones.

José Luis Pardo indica que esto tiene que ver con la «irrealizabilidad» de los ideales en la vida real (Pardo, 2007: 109). Según Pardo, los ideales funcionan como horizontes que orientan la acción sin agotarse en ella. La vida, en su dimensión práctica, no puede absorber los ideales por completo porque de lo contrario anularía su carácter de guías. No se trata únicamente de que la acción nunca pueda fusionarse con el ideal que persigue, de que no logre agotarlo o realizarlo de forma acabada y completa, sino de que esta misma impotencia de la acción para cumplirse de manera perfecta, para reabsorberse sin resto en su modelo ideal, es lo que nos obliga a intentarla de nuevo. Y en este nuevo intento la acción adquiere una nueva forma, un nuevo sentido: se ve enriquecida porque su agente es otro, también enriquecido. La acción, al repetirse, no vuelve al mismo punto, el sujeto que actúa ya no es el mismo que antes. Así, la acción no es un medio hacia un fin, sino un proceso de autoformación. La impotencia de los sujetos para asegurar los resultados de sus acciones, para garantizar el acierto feliz, es lo que motiva, tal y como indicó Aristóteles, que la virtud no sea un estadio final, sino un hábito. La acción virtuosa no depende de su resultado, sino de la disposición del agente que la lleva a cabo. Una disposición a tratar de actuar bien una y otra vez. En esta persecución de la virtud, de crear un hábito que nos acerque al acierto que perseguimos, nos subjetivamos. Subjetivarse es, entonces, configurarse en el ejercicio reiterado de intentar lo justo, lo bueno o lo bello. En cada intento de la acción el sujeto se reafirma, incorpora la huella del error y la convierte en conocimiento.

La única manera de acercarnos al ideal de la acción transcurre en su persecución misma, y esto por el simple motivo de que su ideal, como tal, no existe. No existe fuera del acto que lo engendra, ni antes ni después de él. Pensar que el ideal pre-existe a la acción es caer en el espejismo de la duplicación, creer que hay un modelo perfecto que imitar, un patrón trascendente que puede reflejarse en la experiencia. No obstante, el ideal consiste únicamente en hacer *bien* la acción, en tratar de que en ese momento único se genere el acontecimiento de una consumación feliz, que es la acción realizada en lo que más tarde consideramos su «ideal». La acción bien hecha es su ideal viviente, y no una idea metafísica que debemos tratar de imitar. Aquí vemos que el ideal no es la causa, sino la consecuencia de la acción. Solo des-pués de una acción felizmente consumada podemos reconocerla como ejemplar; solo retrospectivamente decimos «eso estuvo bien hecho». El ideal se constituye a posteriori, como la cristalización del acontecimiento. En este sentido, el ideal no es una imagen que precede al acto, sino la forma viva que el acto deja tras de sí. Cada acción consumada inventa su propia medida, y esa invención, siempre provisional, es la verdadera fuente de la virtud. El ideal del bien tocar la flauta no es un dios flautista al que buscamos imitar, sino que surge en el momento en que alguien toca bien la flauta. Y esto porque el bien no se contempla ni se aprende, se ejecuta. Cuando alguien toca bien la flauta no está reproduciendo una forma previa, sino que está creando, en ese mismo acto, una forma del bien tocar la flauta que había sido impracticable hasta ese momento. Es la aparición de una medida que no existía antes. Por eso cada acto renueva el ideal, lo inventa de nuevo. Esto significa que el ideal de la acción, su *eidôs*, su idea, su «esencia», no puede descubrirse mediante un ejercicio de penetración teórica que clarifique sus características objetivas y eternas, sino solamente mediante la realización de una acción que, en sus caracte-rísticas concretas y no extrapolables, está bien realizada, tiene consumación feliz, deviene acontecimiento. Solo en el despliegue de la acción, en su fragilidad, en su singularidad, en su exposición al error, aparece algo así como una esencia, pero es una esencia móvil, temporal, que se desvanece justo cuando parece consumarse. La acción, cuando logra mostrar su esencia, se traduce en acontecimiento.

Y ahora retomemos nuestro problema. ¿Por qué decimos que en la duplicación de la realidad a su contrapartida digital no hay posibilidad de acción, de consuma-ción feliz, de acontecimiento? ¿Por qué la duplicación, que es una imitación de la acción, no es una acción «de verdad»? Fundamentalmente porque en la duplicación, el curso de la acción ya está programado y previsto de antemano. Mientras que en la acción real el agente persigue la materialización de su ideal, esforzándose por su consumación en un espacio y tiempo que, por ser circunstanciales, convierten en contingente su logro o su fracaso, la duplicación lleva consigo su propio tiempo y espacio, razón por la cual la acción siempre sucede de la misma manera y no da cabida a lo inesperado. El tiempo de la virtualidad no es el tiempo de lo humano, el del ensayo y el error, el de la duda y la espera, sino el tiempo unidimensional de la simultaneidad algorítmica. Por eso el tiempo de la duplicación es un tiempo sin acontecimiento, un tiempo donde todo se deriva. Y este hecho, como bien supo ver Pardo, conlleva una suerte de «fatalidad»: «Al suprimir de la acción la vez imprevisible e irreversible en la que sucede (en la cual las acciones "se" suceden unas a otras, unas después de otras), queda eliminada la "elección" del agente y nada en verdad sucede» (Pardo, 2007: 113). Lo que Pardo llama «fatalidad» es la anulación del intervalo donde se decide el sentido de la acción. Allí donde todo está previsto, el agente deja de ser sujeto. Al estar todo determinado, al quedar eliminada la elección del agente, se elimina también la relación de sentido, y la acción, aun si tiene un desenlace positivo, se convierte en un premio *non meruit*. En la acción duplicada la añadidura está sustraída, el cambio cualitativo es defenestrado, el acontecimiento queda mutilado. La acción duplicada no suma nada a la vida, no genera coordenadas nuevas, no produce sujetos.

Adónde llega una acción finalmente, eso que aquí hemos denominado su consumación feliz, puede designarse de manera un tanto poética como «su destino». Cuando este acaece, la acción, con todo su trayecto errático, se ha convertido en un hecho cuyas causas han sido clarificadas. El acontecimiento se ha completado. Y esta acción fácticamente fijada determina tanto sus propias condiciones de posibilidad como la identidad del agente que las ha activado, y que ahora queda señalado como «aquel que hizo...». El agente, que en el momento de llevar a cabo el acto era pura indeterminación, queda ahora fijado retrospectivamente en una figura, en un nombre propio, en un rol. El agente ha llevado a cabo una acción que lo ha subjetivado sin saber hacia dónde se dirigía, como ocurrió con Edipo: el Oráculo de Delfos predijo a su padre que su hijo lo mataría y desposaría a su mujer. Para evitar tal calamidad, su padre abandonó a Edipo. Criado por un pastor, Edipo se encontró con su padre sin reconocerlo y, en el curso de una refriega sobre quién tenía prioridad en el paso, lo mató. Después liberó a la ciudad de Tebas de la Esfinge, el monstruo devorador de hombres, y como recompensa desposó a la reina viuda, su madre. El adivino Tiresias le reveló que había sido él mismo quien había matado a su padre y se había acostado con su madre. Presa del pánico, Edipo se horrorizó tanto que se arrancó los ojos. La tragedia de Edipo no es un castigo divino, sino el descubrimiento retroactivo de que su libertad ha sido el vehículo de una necesidad que él desconocía. De esta manera, y volviendo a la subjetivación, Edipo fue marcado como aquel que mató a su padre y desposó a su madre, aunque él no quería hacerlo *ni sabía que lo estaba haciendo*. No es responsable, pero sí es culpable. Esto significa que la acción nos implica más allá de nuestra voluntad, y en ese exceso se juega la verdad de nuestra subjetivación. Somos culpables porque nuestras acciones producen efectos que nos definen, incluso cuando no los queríamos o no podíamos preverlos. La culpabilidad, por ende, no es el efecto de nuestras decisiones conscientes, sino la estructura ontológica de toda existencia: ser sujeto es cargar con el peso de haber actuado en un mundo que nos sobrepasa. Nuestras acciones harán de nosotros lo que finalmente habremos sido, y eso significa que seremos culpables de algo que, en rigor, no queríamos hacer o no sabíamos que estábamos haciendo, pero que hicimos y que nos conformó como lo que somos. A saber, seremos culpables de nuestra propia identidad, que es el saldo de nuestras acciones. En la era digital, donde todo parece reversible y editable, esta dimensión trágica de la acción se diluye: el sujeto cree poder borrar, deshacer y rectificar todo error eventual. El Edipo digital no se arranca los ojos porque deshace, con un clic, el momento en que mata a su padre y desposa a su madre.

Los procesos de acontecimiento, acción y subjetivación convergen en una misma pauta, solo aplicable a la historia intervenible: mientras que en esta, las cosas suceden como consecuencia de diferentes intentos fallidos y de una consumación final que no se podía prever al inicio del proceso, en la historia no intervenible, presente en la duplicación de la realidad, las cosas suceden «unas a consecuencia de otras», *táde dià táde*. Esta expresión es utilizada por Aristóteles (2004: 59) para hacer alusión a los momentos en que las cosas ocurren unas como derivación de las otras, unas *a causa* de otras. La contraposición a esta expresión es *mèta táde*, que significa que las cosas suceden unas *después de* otras, pero sin deductibilidad ni causación. Es precisamente en ese «después» donde la historia conserva su posibilidad: las cosas pudieron haber tenido otra secuencia. El acontecimiento se inscribe precisamente en ese margen de indeterminación que separa el antes del después, en esa grieta donde el error, el azar y la decisión transforman lo que parecía inevitable. Allí emerge el acontecimiento, y con él, la acción que da lugar a la subjetivación. En la duplicación hay causación porque todo se deriva, nada acontece. La duplicación, por tanto, es peligrosa solo para aquellos que no conocen su contrapartida, la cosa misma. Insistimos: el peligro no reside tanto en la existencia de la copia como en olvidar que lo que se duplica tiene un origen que no puede agotarse en su reproducción. Y esto porque el original conserva un resto que escapa a toda traducción, una zona de ambigüedad donde todavía puede emerger lo inesperado. Olvidar ese resto es quedar atrapados en la positividad de la copia, confundir el reflejo con la fuente, la imagen con la verdad. El peligro radica, una vez más, en centrar nuestra atención en las características de la copia y no del original.

En este umbral se juega, en última instancia, la diferencia entre una historia abierta y una historia clausurada. La historia abierta, la historia intervenible, está tejida de errores, desvíos, accidentes y revelaciones; es la historia donde el sujeto aún puede irrumpir y, con su acción, alterar el curso de los acontecimientos. En ella, el sentido no preexiste: se crea a medida que se actúa. Por el contrario, la historia clausurada es una historia sin sujetos, una secuencia de derivaciones donde cada elemento está determinado por el anterior, una línea continua que no deja espacio para el sobresalto ni para lo nuevo. Allí donde todo está previsto, la acción se convierte en simulacro, y el acontecimiento en actualización de los códigos algorítmicos. El acontecimiento requiere riesgo, la acción requiere incertidumbre y la subjetivación requiere indeterminación. La duplicación digital clausura esas tres dimensiones bajo el espejismo de una clonación perfecta. Cuando las cosas parecen suceder *a consecuencia de* otras y no después de otras, la idea misma de acontecimiento se vuelve impensable.

IV

OTRA VIRTUALIDAD ES POSIBLE

De todos los acontecimientos en los que participamos, con o sin interés, la búsqueda a tientas de un nuevo modo de vida es el único aspecto apasionante.

John Dewey

Actualmente, y a pesar de los continuos desajustes —primero cognoscitivos, después prácticos— que provoca vivir entre la virtualidad y la realidad, es fácil comprobar que no estamos en un momento de *krisis* en el verdadero sentido del término. A saber, no estamos en un momento terminante y decisivo entre dos periodos o fases, un instante que se saldará con la victoria de uno y la aniquilación del otro. En los *Tratados hipocráticos*, un conjunto de libros de medicina escritos en la Antigüedad, el término *krisis* refería a la crisis provocada por una enfermedad: se trataba del decisivo momento a partir del cual el enfermo o bien moría, al no lograr recuperarse, o bien, gracias a una reacción saludable provocada por la propia enfermedad, iniciaba su proceso de curación. El término designaba, pues, un umbral, un instante en el que la vida se inclinaba hacia un lado u otro de sus posibilidades. La *krisis* no era un simple trastorno o alteración, sino la bifurcación ante lo posible.

En la actualidad, este término no parece pertinente para definir nuestra condición de centauro pseudovirtual. Y esto porque, a pesar de estar sumergidos en dichos desajustes cognitivos y prácticos, nos hemos acostumbrado a navegar confusamente entre ellos. El conflicto entre ambos mundos no se resolverá mediante una confrontación en la que uno perezca y el otro prevalezca porque lo que está en pugna no son dos mundos, sino dos formas de habitar el mundo. Estas dos formas de mirar, sentir, pensar y actuar cohabitan y se superponen, entran en pugna en diferentes momentos de la vida de un mismo individuo. Cada una de estas dos formas de vivir busca una conquista absoluta sobre la otra mediante una lenta sedimentación de hábitos, una disputa sin victoria posible. Más que una *krisis*, por tanto, nuestra época sufre de una convivencia sin catarsis, sin purificación final de los elementos en pugna. Hemos integrado la tensión entre realidad y virtualidad en nuestra normalidad. La ausencia de *krisis*, no obstante, no indica salud, sino la suspensión del diagnóstico: una vida que no es consciente de su propia enfermedad. Esta es la paradoja de nuestro tiempo: vivimos una época sin crisis y, por tanto, sin posibilidad de curación, el punto exacto donde la humanidad duplicada se confunde con su reflejo y se conforma con vivir acorde a sus categorías. Y en la línea de lo que sucede en cada época gobernada por una Teoría tradicional, el ser humano demuestra ser el ser cuya esencia consiste en adaptarse y sobrevivir a cada contexto. Los desfases cognoscitivos y prácticos nunca le han impedido vivir: tan solo le impiden vivir mejor, vivir *tan bien* como sus condiciones materiales y culturales le podrían permitir.

¿Podríamos vivir mejor en una época en que la ciencia y la tecnología están en condiciones de cubrir las necesidades básicas de todo el planeta? ¿En la que el conocimiento y el acceso al mismo se han expandido hasta llegar a un número de personas y lugares sinigual? Sí, pero no disponemos de las estrategias epistemológicas que nos permitan ubicar que esto es posible, por un lado, y de qué modo es posible, por otro. El desfase entre nuestras capacidades materiales e intelectuales y nuestra madurez ética revela una de las contradicciones más profundas de nuestra era: a pesar de haber conquistado los medios para transformar el mundo, no tenemos el modo de pensar cómo. Recordemos que el conocimiento no es el cúmulo de datos, sino la correcta interpretación y uso de los mismos. Esto requiere de una actitud, de un *ethos*, de una forma de ver y percibir que no está siendo activada en la era de la duplicación virtual. A pesar de estar disponible, no es utilizada. ¿Por qué no es utilizada?

Adorno y Horkheimer acuñaron el término «integración total» para describir una dinámica consistente en fundir o incorporar, en un mismo sistema, todos los elementos heterogéneos que este contiene. Esto designa el punto culminante de homogeneización de una sociedad: el momento en que la diversidad de formas de vivir, pensar y expresarse se ve absorbida en un único modelo o formato. Aquí lo múltiple se convierte en variación de lo mismo, lo diferente se traduce a términos equivalentes y conmensurables. Los elementos quedan así desprendidos de su autonomía y son subsumidos bajo una lógica unitaria que no es la suya, y que les aúna en un rumbo ajeno y compartido. Esta integración no se impone por la fuerza, sino a través de la seducción prometida por la comodidad, la eficiencia y la seguridad. Los individuos comienzan así a identificarse con la estructura que los administra, lo que Adorno llamó «mecanismo de identificación con el agresor». De esta forma, los individuos terminan por naturalizar tanto el desprendimiento de su autonomía como al propio sistema que los disloca.

La astucia más refinada de esta integración no consiste en suprimir la singularidad, sino en traducirla a términos equivalentes, en disolver su negatividad —su campo de posibilidades— en una positividad indiferenciada. Los de Frankfurt también utilizaron términos como «contexto de ceguera», «sociedad unificada» o «prisión al aire libre» para describir este fenómeno. Cualquiera de estos términos es pertinente para describir nuestra sociedad duplicada, pues aluden a un movimiento de delegación un tanto elegida y consensuada, más que a una sociedad gobernada por un ser despótico, malvado o alienante. Podríamos resumir este fenómeno como el vicio de *dejarnos asesorar de más*, en lugar de hacer un uso consciente y autónomo de las herramientas de asesoramiento de las que disponemos. Este «contexto de ceguera», consistente en dejarnos asesorar de más, cristaliza hoy en las nuevas herramientas de Inteligencia Artificial.

1. EL «ASESORAMIENTO» DE LA INTELIGENCIA ARTIFICIAL

> No deberíamos construir una IA que emule a los humanos, sino una que haga aquello que los humanos no pueden o no quieren o no deben hacer.
>
> *Luciano Floridi*

Los avances en materia de Inteligencia Artificial —en adelante IA— nos ponen ante dilemas que van desde lo ético hasta lo jurídico, pasando por lo ecológico, lo cognoscitivo, lo sociológico y lo psicológico. Pero quizá el gran dilema que atraviesa todos los demás sea el de decidir si nuestras vidas deben estar asesoradas por procedimientos algorítmicos, en qué medida y de qué modo. La forma en que insertemos la IA en nuestro día a día va a ser decisiva para el futuro de nuestro autogobierno como sujetos y, por ende, de nuestro autogobierno como colectivo —esto es, para el futuro de las democracias—. Y esto porque la política, la gestión de los asuntos públicos y comunes, no solo no desaparece cuando se crean nuevos procedimientos que nos ayudan a tomar decisiones individuales y colectivas —y, a veces, las toman enteramente por nosotros—, sino que se podría decir que es allí donde propiamente comienza. Pues la política es el arte de decidir de qué manera nos asesoramos, o incluso delegamos, nuestro autogobierno como ciudadanos, sea en dispositivos electrónicos, procedimientos representativos, expertos externos o cualquier otro elemento que medie entre nosotros y la sociedad.

Tal y como venimos diciendo, vivimos en una época de datificación creciente: cada vez más elementos de la realidad tienen su contrapartida en la esfera digital. Y este traspaso de los elementos materiales a algoritmos digitales comporta un cambio cualitativo en el proceso de constitución de los propios datos: recordemos que un dato digital no es el mero reflejo del dato material dentro de la esfera virtual, sino que, al cambiar la manera de constituirse, el dato cambia, cambian sus características, y por tanto cambia el condicionamiento que ejerce sobre aquel que hace uso de él. Cuando la datificación, el total de los datos digitales, se imbrica en lo que hoy llamamos IA, un conjunto de programas, aplicaciones y dispositivos que describiremos a continuación y que median nuestro día a día, la praxis de aquellos que la utilizan es condicionada de una manera muy específica. Adorno utilizó el concepto «mediación» para describir el umbral que intercede entre los elementos de la realidad, una «atmósfera» que está contaminada por unos y otros y que condiciona a unos y a otros. Una atmósfera que abre y cierra posibilidades de pensamiento y de acción.

La IA compone una mediación sustancialmente diferente a la de otras tecnologías debido a su carácter supuestamente predictivo, y por tanto, generador, a base de condicionamiento, de la realidad deseada. Cuando los programas de IA afirman poder anticipar comportamientos y sucesos futuros rastreando patrones pasados, condicionan las percepciones y decisiones de los usuarios que hacen uso de ellos, hasta dar a nacer la realidad predicha. Esta especificidad es la que nos lleva a argumentar que la IA, más que duplicar los datos del mundo material dentro de la esfera virtual, los *re-crea,* con la intención de fundamentar sus predicciones. La IA es, por tanto, la estructura estructurante que nos estructura como usuarios, utilizando la terminología de Bourdieu (2007: 92-93). Lo que debemos visibilizar no es tanto una supuesta manipulación deliberada de unos señores tecnofeudales que nos gobiernan a través de estos dispositivos como la propia mediación que suponen las características de la IA en nuestro día a día. Y esto porque la lógica algorítmica, como veremos más adelante, es la antítesis de la lógica humana.

Sabemos que, actualmente, muchas decisiones humanas no son adoptadas solo por seres humanos, sino que son confiadas, parcial o totalmente, a sistemas que procesan datos y dan lugar a directrices o resultados. La paradoja de este proceso es que los artefactos que inventamos para hacer el mundo calculable y poder obtener resultados seguros crean, a fuerza de sugestión, un mundo efectivamente calculable, un mundo pronosticable al que cabría preguntarse si merece la pena pertenecer, puesto que un mundo pronosticable es aquel en el que las cosas se derivan unas de las otras y no hay espacio para la transformación y el cambio cualitativo. El supuesto implícito de la IA, en sus diferentes formatos, es que toda la realidad es convertible en dato y puede ser abarcada por los análisis cuantitativos, siempre y cuando se disponga de los datos suficientes y de las herramientas de análisis adecuadas. Para lograr esto, se busca generar un incremento de los datos digitales disponibles. Este incremento requiere, no obstante, que dirijamos nuestra atención no a un incremento paralelo de datos materiales dentro de la realidad, que no se da, sino a las propias herramientas de elaboración de datos: lejos de ser meros artefactos técnicos que duplican el mundo material en la esfera virtual, se trata de métodos para generar *un cierto tipo* de conocimiento. En este sentido, podemos arribar a una primera hipótesis: «La producción de datos no es solo una cuestión técnica, sino *política*: quién los recoge, cómo se producen, cómo se interpretan y con qué fines define las relaciones de poder dentro de una sociedad» (Couldry, Mejias, 2023: 55). Esto significa que los eventos del mundo físico no se convierten en datos hasta que son *re-creados* como tales. El mundo no es duplicado, sino reconfigurado y transformado en elementos cuya lógica es diferente a la originaria. Detrás de la datificación, de la pretensión de que toda la realidad tenga su contrapartida digital, hay un positivismo ingenuo que no atiende hasta qué punto esos datos están determinados por procesos de selección y valoración. No existen los datos brutos; los datos están ya siempre cocinados, formateados y contextualizados.

Así las cosas, debemos examinar qué tipo de «inteligencia» promete la IA, cómo se relaciona esta inteligencia con la inteligencia humana y a qué tipo de reconceptualización de nuestra inteligencia nos obligan sus espectaculares desarrollos. La IA forja su «inteligencia» digiriendo lo que está disponible en Internet: textos, imágenes, archivos, cálculos, tendencias, opiniones, arte, etc. La principal labor de la IA, entonces, es analizar toda esta información y utilizar la más pertinente para responder al *prompt* del usuario —la instrucción o directriz—. En este sentido, la IA imita muy bien uno de los aspectos más importantes de la inteligencia humana, que es el análisis de datos disponibles, pero no lleva a cabo todas las labores necesarias para realizar dicho análisis en toda su complejidad. Los análisis no solo incluyen cálculo y rapidez, sino también —y sobre todo— comprensión y reflexión. Debido a ello, temer un posible *sorpasso* de la inteligencia de la IA respecto a la humana es desviar el foco de atención de la inteligencia en su completitud a sus labores instrumentales en particular. Se trata de una visión de la inteligencia desde una perspectiva reducidamente analítica y empírica, calculadora e ignorante de los contextos, implícitos y explícitos, que atraviesan las decisiones humanas. La principal diferencia entre la inteligencia de la IA y la humana, pues, consiste en que, mientras la primera se centra en buscar más datos para fundamentar la información que nos ofrece, la segunda se centra en mejorar su facultad de reconocimiento de lo potencial en dicha información, en vislumbrar nuevos horizontes de conocimiento y en abrir el campo de lo posible.

La inteligencia humana no se caracteriza —o pocas veces lo hace— por la rapidez y la eficacia a la hora de perseguir sus objetivos, sino por la capacidad de reflexionar acerca de qué objetivos es conveniente perseguir. Si un individuo es inteligente, lo es por los medios y fines que propone, y no por llegar el primero a un fin que le es señalado desde fuera, como la IA. Debemos admitir que nuestra eficiencia es muy limitada a la hora de materializar un *prompt*. Pero nuestro concepto de inteligencia va más allá de su función instrumental: no es tanto la consecución de objetivos como su selección de un modo significativo y equilibrado en un mundo de gran complejidad, en el que hay que sopesar diferentes medios y fines en conflicto. ChatGPT es muy potente a la hora de procesar una gran cantidad de datos preexistentes, pero no lo es tanto en la producción de nuevas visiones sobre la realidad, ni tampoco en la reflexión sobre fenómenos emergentes de los que se carece de datos suficientes. Su generatividad no genera propiamente saber nuevo, sino que resume y presenta de manera ordenada conocimiento existente. Así las cosas, «los sistemas de IA actuales no son creativos en un sentido fuerte, porque carecen de intencionalidad, sorpresa y ruptura con lo establecido» (Marcus, Davis, 2019: 153). Lo que la IA considera verdadero es lo que es considerado con mayor frecuencia como verdadero en Internet. Sin restar importancia a sus enormes beneficios, sus limitaciones estructurales proceden del hecho de que aprende mirando hacia atrás e imitativamente, y no hacia adelante y de forma arriesgada en un mundo en constante cambio e inestabilidad. Hay una gran diferencia entre que la IA imite con extraordinaria precisión algunas de nuestras funciones y que *comprenda* lo que está haciendo, por qué lo está haciendo y, sobre todo, si debería seguir haciéndolo.

Toda tecnología, a pesar de no determinar las acciones humanas, sí abre y cierra posibilidades de acción: no todo es posible a partir de todas las tecnologías. En este sentido, la tecnología es ciertamente un objeto, pero también es una mediación entre nosotros y los otros objetos y sujetos. La tecnología es un *habitus* que tiende y corta puentes, alterando el paisaje en el que se producen las interacciones humanas. No predetermina el mundo de manera inexorable, pero estructura las situaciones en las que se producen dichas interacciones. Lejos de que la tecnología comporte una determinación inapelable, es más útil entenderla como un *habitus* en el que podemos intervenir: ya Heidegger afirmaba que la técnica no es un mero instrumento, sino que «desvela» algo. Esta desvelación, a la que volveremos posteriormente, debe entenderse, precisamente, como un desvelamiento de posibilidades, riesgos y oportunidades que la tecnología habilita. Analizar la IA significa examinar qué clase de comportamientos son facilitados o inhibidos, impuestos o imposibilitados, incitados o aplacados en sus programas. Se trata de examinar de qué manera estos programas condicionan el proceder de nuestra episteme y nuestra praxis. Y esto porque las posibilidades que la tecnología inaugura nacen de cierta configuración, pero pueden morir a causa de otra. Una determinada infraestructura tecnológica posibilita cierto tipo de subjetivación u organización social, y esta subjetivación u organización dirigen los desarrollos de la tecnología. Esto nos lleva a que la relación entre los humanos y la tecnología no es la que hay entre el amo y el esclavo, sino la de una simbiosis en la que el condicionamiento es integral.

Los dispositivos y artefactos tecnológicos son el resultado del proceso de negociación entre los avances científicos, la regulación política, los intereses económicos, las acciones sociales y las exigencias legales (Innerarity, 2025: 215). Pensemos que, hoy en día, todas nuestras acciones están relacionadas con programas estructurados algorítmicamente: viajes, compras, ocio, conversaciones, trabajo, procesos administrativos, relaciones sociales... Aunque muchas de las cosas que decimos o hacemos tengan una contrapartida analógica, están situadas en contextos imbuidos de lógica algorítmica. Debido a ello, situar dónde comienza la influencia de la IA sobre nuestras prácticas y pensamientos es difícil. No obstante, y recordando las palabras de Wittgenstein, que un límite sea impreciso no significa que no exista. Así las cosas, deberíamos focalizarnos en decidir —que no encontrar— qué queremos que quede a este lado del límite, qué queremos que siga siendo labor específicamente humana y en qué queremos dejar de invertir nuestro tiempo y esfuerzo, delegándolo a una IA. En vez de temer que la IA «supere» nuestra inteligencia, sería más útil preguntarnos qué queremos que nuestra inteligencia siga haciendo, y dedicarnos a cultivarlo.

Mejor que pensar en términos de competencia entre humanos y máquinas, sería más fructífero pensar las condiciones bajo las cuales su complementariedad es beneficiosa para la civilización: «Los humanos somos buenos en lo ambiguo; las máquinas, en lo preciso. No hay razón para que ambos tipos de inteligencia compitan, cuando pueden complementarse» (Levesque, 2017: 342). Una máquina no trabaja como un cerebro y no tiene por qué hacerlo. ¿Queremos que un ordenador necesite tanto tiempo como nosotros para aprender un idioma? ¿O que cometa tantos fallos de cálculo como nosotros? ¿No necesitamos a las máquinas precisamente para que hagan lo que nosotros no podemos hacer ni demasiado rápido ni demasiado bien? Las máquinas son mejores en el descubrimiento de patrones, en la programación y en el razonamiento estadístico, en el análisis de datos masivos y en el manejo de casos rutinarios. Debido a ello, los humanos deberíamos establecer los objetivos de las máquinas y evaluar su consecución, así como repensar continuamente a partir de sus resultados. Lo que hace mejor la IA es calcular; lo que hacen mejor los humanos es comprender, contextualizar y decidir reflexivamente qué hacer con sus cálculos.

Los humanos no somos inteligentes porque apliquemos fielmente reglas metódicas, sino porque tenemos una capacidad especial para abordar lo disperso, lo incompleto, lo singular o lo ambiguo. La precisión de las máquinas es un valor, pero en muchos casos —y principalmente en política, ética y moral, es decir, en el ámbito propio de lo humano— la falta de precisión no es una carencia, sino un elemento inextirpable del contexto. Esta falta de precisión la paliamos los humanos con exceso de conciencia, paciencia, empatía y carga histórica, y tratar de ser precisos supondría erradicar la libertad, la apertura y la flexibilidad de un mundo que está en construcción. El problema de la IA cuando se utiliza para cuestiones sociales o políticas radica en que reduce la complejidad de dichos ámbitos. Y es que esta complejidad está directamente relacionada con el pluralismo, y más concretamente, con el pluralismo epistémico, cultural y político. La precisión algorítmica, al igual que los saberes expertos cuando se toman como objetividades indiscutibles, entra en colisión con la diversidad necesaria para que las sociedades puedan seguir evolucionando.

La IA es insuficiente para aquellas dimensiones del proceso ético-político-moral que no son susceptibles de cuantificación, es decir, para el momento genuinamente humano en el que se *deciden* los criterios que utilizamos o por los que nos regimos, y en los que posteriormente la tecnología aporta su granito de arena para lograr su materialización. Y la razón por la que los algoritmos son políticamente limitados reside, tal y como venimos diciendo, en sus características virtuales: cerradas, teleológicas, identitarias, unidimensionales... Los algoritmos sirven para conseguir objetivos que les son señalados, pero ayudan poco a determinar esos objetivos, tarea propia de la voluntad humana y la deliberación política, de la reflexión y de la escucha. En una democracia todo debe estar abierto a momentos de repolitización, es decir, a la posibilidad de cuestionar los objetivos establecidos, las prioridades y los medios. Para esto es para lo que sirve la política y para lo que no sirven los algoritmos. La política empieza precisamente allí donde se debate acerca de qué deben perseguir los algoritmos, qué valores deben cumplir, a qué concepción de lo justo deben servir.

El perfeccionamiento de la IA solo supondría el final de la política si el análisis de datos condujese a una única elección, la «buena», y esto hiciese innecesario el debate político. El «dataísmo», la creencia de que los datos conducen a una ideología objetiva más allá de toda discusión, es el principal sustento de esta idea. Esta teoría sostiene que los datos, tomados como componentes atómicos del mundo, generan justicia e imparcialidad siempre y cuando obtengamos los suficientes y los juntemos entre ellos, un modo de decidir sin tener que decidir, una forma de cambiar la deliberación sobre las opciones posibles por la búsqueda de la respuesta única, correcta e indiscutible: la que emerge por sí sola tras entreverar los datos, sin necesidad de interpretarlos. Pero aceptar que la política debe basarse en datos es compatible con reconocer sus limitaciones. Los datos no son objetividades que puedan ser leídas y utilizadas sin deliberación o guía, sino que son un conjunto de números, caracteres y signos, y como tales, sin interpretación, no revelan si son válidos o adecuados en un determinado contexto. El dato no vale por sí mismo sino en relación con su contexto. Los datos son capaces de informarnos solo si nosotros somos capaces de interpretarlos en relación con el paradigma en el que se inscriben, y el cual les habilita para ser útiles o inútiles, justos o injustos, benignos o perniciosos. ¿Por qué los datos no pueden ofrecernos de manera directa soluciones al mundo de lo humano? Porque este mundo no sigue un razonamiento lineal y deductivo, sino que es un cúmulo de situaciones de gran ambigüedad, incertidumbre y contingencia. Esta peculiaridad lo aleja de lo que necesitan los algoritmos para poder funcionar: claridad, concreción y estabilidad. Los algoritmos son de limitada utilidad cuando deben lidiar con problemas que no están bien estructurados, para los que no hay muchas evidencias, de difícil identificación, escasamente cuantificables, que no son regulares y que no parecen ser repetitivos. Los algoritmos sirven para una racionalidad de tipo instrumental, pero no cuando el problema consiste, precisamente, en la identificación del problema.

La exactitud algorítmica se transforma en inexactitud cuando abandona su carácter instrumental e invade, con su lógica, los espacios en los que debe decidirse con procedimientos reflexivos acerca de los valores por los que regir nuestros comportamientos. Así las cosas, no deberíamos tener miedo de la inteligencia de la IA, sino de no poner en práctica la nuestra. Si confiamos a la IA tareas para las que no tiene el tipo de inteligencia necesaria y seguimos ciegamente sus indicaciones, la culpa será solo nuestra, y no de su naturaleza instrumental. Son responsabilidad de los humanos aquellas decisiones en las que, incluso tras un largo proceso de deliberación y precedidas por todos los análisis de datos disponibles, el rumbo a tomar sigue sin estar del todo claro.

La inteligencia que debemos testar, por todo lo dicho, no es la de la IA, sino la de la simbiosis que formamos humanos e IA, ya que se trata de un encuentro que acontece de manera bidireccional: las personas limitan y amplían la capacidad de los algoritmos, y los algoritmos limitan y amplían la capacidad de las personas.

Los humanos adaptamos nuestras prácticas y expectativas a las posibilidades que nos abre la tecnología, y al revés, estos dispositivos son reconducidos a partir de su encuentro con los usuarios. Aquí se hace útil la idea foucaultiana de que el poder es un ejercicio de contaminación entre dos partes, una fuerza que implica formas de resistencia y de redireccionamiento (Foucault, 2009: 95). Nos encontramos, pues, ante el desafío de redirigir el rumbo de la tecnología hacia las necesidades humanas para que nos ayude a generar estructuras sociales más justas. La verdadera tarea política ante la IA consiste en que, como mediación, no refuerce estructuras anacrónicas, intolerables o discriminatorias, sino que posibilite su cuestionamiento y transformación.

Debemos tener en cuenta que la regulación de un fenómeno emergente es difícil, parcial y, a corto plazo, imposible de abarcar en su complejidad. Estos fenómenos suelen encauzarse muy poco a poco y de un modo un tanto caótico. Fue Otto Neurath el que propuso la metáfora de «arreglar el barco en alta mar», en medio de la travesía y sin poder llevarlo hasta el puerto para comenzar las reparaciones. Con esta metáfora, Neurath buscaba refutar la idea de Descartes de que el modelo del conocimiento era, más bien, la demolición de un edificio y su completa reconstrucción desde cero. Dado el actual avance de la IA y el hecho de que su desarrollo se lleva a cabo en un entorno complejo, con la implicación de muy diversos actores, es poco realista pensar que se puede echar abajo todo el edificio y reconstruirlo desde cero. No obstante, esto no nos exime de la responsabilidad de hacer compatible su desarrollo con cierto control y reflexión. Tampoco nos exime de buscar, en un mundo en el que no hay opciones seguras ni definitivas, la «segunda mejor opción posible». Según Odo Marquard (2001: 25-30), frente a los ideales filosóficos y políticos que buscan la solución perfecta, última o definitiva —lo que él llama «la mejor opción posible»—, los seres humanos debemos aprender a valorar y optar por soluciones prácticas e imperfectas, pero viables y revisables: es decir, debemos buscar la «segunda mejor opción posible», esa que está a nuestro alcance y que se puede modificar atendiendo a las nuevas necesidades del contexto.

En el caso de la IA, la «segunda mejor opción posible» debe partir de la reflexión de qué desarrollos limitar y cuáles potenciar. El primer desarrollo que hay que limitar, por el condicionamiento que ejerce sobre nuestro pensamiento y nuestra praxis, es la previsión prometida por sus programas. Al inicio de este epígrafe apuntábamos a que la especificidad de la IA, en comparación con otras tecnologías, radicaba en su promesa predictiva. La IA está creando una nueva forma de generar conocimiento sustancialmente diferente a la de otras tecnologías: sus algoritmos afirman poder adivinar información relevante acerca del futuro rastreando patrones y conductas presentes y pasadas. Ante esta promesa, los usuarios deben ser cuidadosos a la hora de hacer compatible el deseo de anticipar el futuro con el respeto hacia su carácter abierto. El límite fundamental de la predicción de la IA reside en que sus algoritmos, al querer arrojar resultados fiables sobre el futuro, trabajan sobre el supuesto de que el mundo es estable. De este modo, la IA no trata de entender la inestabilidad que atraviesa al mundo, sino que busca hacer del mundo un lugar constante, de manera que sus predicciones se cumplan. Esto se consigue a través del carácter pseudocientífico de los resultados-previsiones que arroja: estas terminan por acertar por el hecho de que dan a los usuarios una lectura del mundo pretendidamente objetiva y cerrada, mediando su mirada sobre la realidad y fomentando que su praxis se acomode a dicha previsión. El conocimiento anticipatorio, en cualquier época y lugar, no ha tratado tanto de *predecir* como de *producir* la realidad deseada. Un algoritmo puede hacer que ocurra lo que predice no porque eso vaya a suceder al margen de la predicción, sino precisamente porque el usuario está condicionado por la predicción. Se trata de la famosa profecía autocumplida de Robert Merton.

Así las cosas, la predicción de la IA es verdadera y falsa a la vez. Verdadera porque una predicción que media nuestra mirada nos condiciona, y puede hacer que se cumplan los resultados arrojados por ella. Falsa porque la mediación no es destino, sino lugar desde el que se parte y, por tanto, lugar que puede ser transfigurado. La IA, como mediación, es una estructura que participa activamente en nuestra constitución subjetiva y colectiva, pero la mediación no tiene por qué seguir siendo *esta* mediación. Para lograr su transformación, debemos asumir la responsabilidad de ubicar la IA en el lugar que le corresponde para que sus características potencien, y no suplanten, las características humanas más valiosas, como la reflexión ética, la empatía moral, la comprensión de la otredad y la deliberación democrática. Que los procesos algorítmicos medien entre nosotros y el mundo, configurando nuestras percepciones, relaciones y prácticas, debe ser simultáneamente un aviso y una oportunidad. Solo así lograremos que la mediación de la IA, lejos de ser una amenaza para nuestro autogobierno como individuos y como colectivo, se conciba como un *habitus*. Como la atmósfera en la que estamos sumergidos y de la que debemos hacernos cargo. Así las cosas, ¿qué estrategias podemos adquirir para escapar de ese *habitus*, de ese «contexto de ceguera» en el que estamos sumergidos?

2. LA CONSTRUCCIÓN DE LA SOCIEDAD COMIENZA POR LA AUTORREPRESENTACIÓN DE SUS INDIVIDUOS

> Se miente más de la cuenta
> por falta de fantasía;
> también la verdad se inventa.
> *Antonio Machado*

La construcción de una sociedad comienza ineludiblemente por la forma en que sus individuos se conciben a sí mismos como elementos de dicha sociedad. Ningún proyecto colectivo puede sostenerse sin una cierta imagen compartida de lo que significa «ser parte» de él; toda organización social es, en última instancia, una forma de identidad con sus cánones y directrices. Aquí es muy pertinente la reflexión de Carlos Castilla del Pino: «Ver objetivamente lo que hay fuera de mí es en cierto modo fácil. Lo esencial es objetivar mi situación, la forma como en esa realidad está integrado el elemento de ella que es mi persona» (Castilla del Pino, 1968: 49). Esta distinción pone el acento en un traspaso de poderes: lo importante no es conocer el mundo que está fuera de mí, o no solo. Hay que conocerse a uno mismo dentro de ese mundo, es decir, comprender el modo en que el mundo está condicionándome y el modo en que puedo intervenir ese condicionamiento.

Este gesto distingue el pensamiento que se limita a repetir del pensamiento que aspira a transformar. Objetivar nuestra situación, clarificar nuestra posición en esa realidad objetiva que es la sociedad, necesita del desarrollo de nuestros órganos de captación de realidades. Aquí se juega la diferencia entre una actitud tradicional y una actitud crítica: la primera se adapta al mundo tal como es, mientras que la segunda interroga sus condiciones de posibilidad. La tradicional se limita a observar, mientras que la crítica asume la implicación del sujeto en el objeto que observa. Percibir la realidad necesita de una sensibilidad capaz de registrar lo visible y lo velado, lo explícito y lo implícito, lo actual y lo potencial. Una sociedad regida por los principios de la Teoría tradicional fomenta una percepción empobrecida, adaptativa, orientada a la aceptación de lo vigente; una sociedad que cultiva la mirada crítica, en cambio, estimula la conciencia de la mediación, la capacidad de saberse condicionado y, por ello mismo, la capacidad de poder transfigurarse. Este desarrollo de capacidades puede ser bien estimulado u obstaculizado por la propia sociedad. Y esto porque toda sociedad define qué formas de percepción son legítimas y cuáles son directamente impensables. La sociedad regida por la lógica tradicional tiende a legitimar solo aquellas percepciones que apuntalan el orden existente, mientras desactiva las que lo cuestionan. La sociedad crítica, en cambio, se mide por su disposición a tolerar lo que no cabe en los patrones vigentes, a acoger lo que aún no tiene nombre.

Existe una íntima relación entre un régimen social y el tipo de individuo necesario para hacerlo funcionar. «Ciertos» individuos pertenecen a «cierta» sociedad en la medida en que participan de su imaginario social, de sus normas, valores, representaciones, proyectos, tradiciones, etc. Y lo que es más importante: pertenecen a cierta sociedad porque comparten, lo sepan o no, la «voluntad de ser» de esa sociedad, es decir, la inercia que permite que la sociedad siga siendo tal y como es. La «voluntad de ser» de la sociedad no es una fuerza metafísica, sino una forma de inercia histórica, un hábito colectivo sedimentado en las costumbres, los lenguajes y los deseos. Esto equivale a decir que todo individuo es portador de la representación-de-sí que tiene la sociedad, y que el individuo, consciente o inconscientemente, encarna. Que el individuo porte la «voluntad de ser» de la sociedad compone una premisa *sine qua non* de la existencia de aquella. Esto significa que la sociedad no solo produce sujetos funcionales a sus estructuras, sino que los necesita para reproducirse; necesita individuos que deseen, piensen y actúen de acuerdo con los marcos simbólicos que la sostienen. El individuo es moldeado por las condiciones históricas de su tiempo, pero al mismo tiempo, esas condiciones solo persisten mientras los individuos las mantienen activas mediante sus prácticas.

Cuando los individuos perpetúan la voluntad de ser de la sociedad en la que viven *en detrimento de la suya propia,* ¿se da una crisis de autorrepresentación, de identidad, *krisis* en el sentido etimológico del término? Cuando la «voluntad de ser» de la sociedad —sus representaciones, normas, imaginario, valores, etc.— ya no procura a los individuos los puntos de referencia o motivaciones para que estos funcionen de manera adecuada, lo que incluye ser capaces de leer las coordenadas en las que viven, ¿emerge forzosamente una crisis? Se trata de la pregunta fundamental de cuánto tiempo podremos alargar la disonancia cognitiva en la que nos encontramos, durante cuánto tiempo podremos interpretar la realidad con las categorías de la virtualidad. La pregunta, por tanto, no es únicamente cuánto tiempo podrá sostenerse esta disonancia, sino sobre todo qué tipo de sujeto está produciendo mientras se mantiene.

Para abordar esta encrucijada nos apoyaremos en Freud y el libro que coescribió con Josef Breuer en 1895: *Estudios sobre la histeria.* En esta obra, Freud describe un caso clínico en el que le indica a un paciente que los sucesos traumáticos de su pasado quizá no se puedan eliminar de su psique actual. A esto, el paciente le pregunta: «No pudiendo usted cambiar nada de ello, ¿cómo va a curarme?». A lo que Freud responde: «Adelantaremos mucho si conseguimos transformar su miseria neurótica en un infortunio corriente» (Freud, Breuer, 1895: 143). Según Freud, la miseria neurótica consiste en la tendencia a sufrir *de más* por los infortunios que nos acaecen. Esta tendencia se basa en la creencia en un destino que nos sobreviene y se ensaña con nosotros. La miseria neurótica, en este sentido, es la imposibilidad de aceptar la contingencia y el azar que atraviesan la condición humana, la dificultad de asumir que el sufrimiento forma parte constitutiva de la vida. Esta actitud brota de la necesidad de dotar al dolor de una lógica, de una finalidad, de una causa, como si todo mal tuviera que ser el preámbulo de una recompensa posterior. El infortunio corriente, por su parte, consiste en la creencia adversa: no hay nada especial en las desventuras que nos suceden; se trata de peripecias de la vida cotidiana de las cuales nadie está exento por el simple hecho de estar vivo. Aquí Freud introduce una forma de reconciliación con nuestro propio futuro: aceptar el infortunio corriente implica abandonar la fantasía de control absoluto y, al mismo tiempo, renunciar al sufrimiento como forma de identidad. Más que dos tipos de infortunio, uno más doloso que el otro, la distinción entre ambos radica en dos maneras de tratar las desdichas que nos ocurren a todos. Mientras que la miseria neurótica consiste en una actitud un tanto dramática e inconsolable de ver las cosas, el infortunio corriente es amigo de la actitud transigente, y radica en tomarlas con una mayor ligereza y estoicismo, en el sentido histórico del término[1]. Un individuo puede convivir sin sobresaltos con el infortunio corriente; no así con la miseria neurótica, al menos durante largo tiempo. Mientras se convive con el infortunio corriente no tiene por qué aparecer una crisis o momento decisivo a partir del cual se «muere» o se «sobrevive». En la miseria neurótica este momento aparecerá tarde o temprano.

La sociedad virtual nos sume en el infortunio corriente, y no en la miseria neurótica. Y esto porque su funcionamiento, que se basa en la duplicación de los elementos de la realidad, no capa o impide nada *de por sí*. Tampoco nos hace sentir que un destino cruel e inevitable se esté ensañando con nosotros. Esto contrasta con otras Teorías tradicionales que, en su momento, sí llegaron a hacer creer a los individuos que el sufrimiento era una condena ineludible o una maldición histórica. Pensemos, por ejemplo, en la rigidez del orden teológico medieval, donde todo dolor encontraba su justificación en la voluntad divina, o en los grandes totalitarismos del siglo XX, cuyo despotismo parecía devorar al individuo en nombre de una necesidad superior. En estos ejemplos la vida se vivía bajo el signo de la fatalidad. La sociedad digital, en cambio, no se presenta como una estructura inapelable, sino como una elección continua: cada individuo es señalado como el responsable de su éxito o fracaso, incluso cuando sus márgenes de acción están evidentemente delimitados por los algoritmos. Esta sociedad muestra constantemente que podemos retomar las riendas de nuestra vida cuando lo deseemos: todo individuo que se empeñe en utilizar la virtualidad para evolucionar y complejizarse puede hacerlo. Y es cierto. Lo que forja este sistema es una naturalización de la realidad duplicada hasta el punto de erigirla en referencia para pensar la realidad material. Reiteramos: la digitalización no capa las posibilidades de la realidad, sino que las reordena ante la mirada de unos usuarios que, no obstante, pueden seguir interviniéndola. Aquí se encuentra la paradoja. Su reordenación de prioridades genera una dislocación suave que repercute en nuestro hacer diario, pero no nos lo hace imposible o insoportable. Nos lo hace más obtuso e inaccesible de lo que debería. La sociedad digital ha logrado domesticar la crisis que nos pondría ante un umbral de decisión. Ha convertido la posibilidad de ruptura en un estado de distracción permanente. Vivimos en una zona gris donde nada es tan insoportable como para movilizarnos, pero nada funciona lo bastante bien como para permitirnos evolucionar.

---

[1]   El estoicismo basa sus preceptos en una máxima: las personas no podemos controlar lo que nos acaece, pero sí podemos controlar lo que pensamos sobre dichos acontecimientos. Esta doctrina se basa en el dominio y el control de los hechos, las cosas y las pasiones que perturban nuestra vida valiéndonos de nuestra razón y nuestra actitud.

Con esto no insinuamos que las sociedades previas a la digitalización ofrecieran a sus individuos mejores herramientas para pensar y actuar en la realidad. Lo que buscamos es situarnos en el punto de vista de los hechos: analizamos las condiciones de fabricación de los individuos que viven en la sociedad virtual, en *esta* Teoría tradicional. Las condiciones que les han hecho ser de este modo y no de otro. Y del mismo modo que no puede decirse que el infortunio corriente de la virtualidad implique, pura y simplemente, una alienación —puesto que una alienación, si no se revierte, desemboca en la miseria neurótica—, la liberación de este «contexto de ceguera» tampoco puede tratarse en términos de «desalienación» o de vuelta a uno mismo. Pensar en términos de desalienación presupone que existe un «sí mismo» puro, originario, al que se podría regresar, pero tal retorno es imposible porque ese sí mismo no existe. Y esto porque el individuo es desigual para consigo. Una desigualdad entre lo que somos, lo que creemos ser y lo que podríamos ser que abre el espacio para la subjetivación. No hay una mismidad a la que se deba volver, y esto tampoco es necesario. Lo que hay es una identidad abierta y compleja que puede ser construida de otro modo. El giro debe pasar de un tipo de construcción a otro tipo de construcción. Se trata de un deber moral para con nosotros y para con los otros, un deber basado en el uso de nuestros órganos de captación de realidades, que no son otra cosa que nuestra inteligencia. Y esto porque, tal y como dijo Adorno: «La inteligencia es una categoría moral» (Adorno, 2013: 205). Adorno se estaba refiriendo a la inteligencia en el sentido etimológico del término, proveniente del latín *intellegere*, compuesto por inter («entre») y legere («leer, escoger»). La inteligencia es la capacidad de leer las coordenadas que tenemos delante para escoger, de entre todas las opciones, la mejor. Se trata de la habilidad de hacer lecturas adecuadas para elegir, de entre todo lo disponible, lo más conveniente.

Para que la liberación del «contexto de ceguera» tenga lugar, primero es necesario que la sociedad sea capaz de autocuestionarse. La sociedad debe abrirse a su propio cuestionamiento para que, por medio de dicho cuestionamiento, prosiga afirmándose como sociedad. Esta capacidad de autocuestionamiento constituye, en términos de Cornelius Castoriadis, el núcleo de toda sociedad verdaderamente autónoma. Una sociedad no se define únicamente por sus instituciones visibles, por sus leyes, gobiernos o costumbres, sino por el modo en que se autocuestiona para instituirse a sí misma, es decir, por su modo de crear, mantener o transformar las significaciones imaginarias que la sostienen. En este sentido, toda sociedad está siempre «autoinstituida»: es una obra que se produce y se reproduce mediante el imaginario colectivo, y que se mantiene viva a partir de un carácter instituyente que no debe confundir lo que ha creado con lo natural y eterno. Una sociedad solo puede seguir instituyéndose si la historicidad y la contingencia son afirmadas a la par que tratadas como problema a abordar, y no como misterio. Recordemos que lo que el ser humano haya de hacer *para sí* ha de hacerlo *por sí*. Esta máxima resume tanto la exigencia moral de Adorno como el principio instituyente de Castoriadis. Por eso es condición *sine qua non* para un actuar humanista la adquisición de una conciencia nítida sobre las propias posibilidades. De este modo, y en palabras de Castilla del Pino: «La realidad deja de constituirse en misterio para tornarse simplemente problema, y problema resoluble, problema siempre problema, siempre abierto a nuevas averiguaciones, pero susceptible siempre de ser dilucidado» (Castilla del Pino, 1968a: 17).

Cada sociedad puede mantener con los patrones que hereda una relación de rígida repetición, en el caso de las sociedades dominadas por la Teoría tradicional, o una relación *poiética* que haga uso de lo que hay para crear algo nuevo, en el caso de las sociedades en las que irrumpe la Teoría crítica. La de mera repetición es una relación museística, ya que mira lo heredado como datos que están aquí y aquí seguirán, administrados, expuestos a la mirada de todos. Adorno advertía, en este sentido, que la barbarie no consiste únicamente en la destrucción de la historia o de la cultura, sino también en su conservación como fetiche: el museo, cuando pierde su vínculo con la vida y la evolución, se convierte en un mausoleo. La mirada museística trata la realidad como algo muerto, como aquella presa exótica de la que hablábamos y que se puede cazar y enjaular. Este tipo de mirada alumbra lo que ocurre cada vez más en nuestra sociedad digital, algo que podemos entrever echando un rápido vistazo a las redes sociales, cuyas publicaciones son museísticas desde el momento en que «capturan» los momentos y «administran» las experiencias. Cada publicación en redes sociales es un intento de fijar lo que por naturaleza es efímero.

Una realidad viva, en cambio, no puede existir más que para una sociedad creadora y abierta al futuro. Una sociedad viva no solo acumula datos, sino que genera de manera constante nuevas interpretaciones sobre esos datos. Esta es la tarea *poiética* que Castoriadis atribuye al imaginario instituyente, la de crear nuevas significaciones que permitan habitar el mundo de otro modo. Tratar la realidad como algo que se puede capturar en una imagen definitiva es una manifestación de la esterilidad de la época, la cual reniega de sus posibilidades *poiéticas* y se acomoda entre sus ruinas artificiales. La esterilidad no consiste tanto en la falta de producción como en el exceso de reproducción. En este tipo de sociedad hay una especie de conspiración, pero no en el sentido paranoico del término, sino en su sentido etimológico. La cons-piración es lo que «respira conjuntamente», lo que sopla en la misma dirección: la de una sociedad resuelta por algoritmos en la que todo pensamiento crítico y creador carece de lugar.

Retomemos ahora la pregunta con la que abrimos este epígrafe: ¿qué estrategias podemos adquirir para escapar de ese «contexto de ceguera» en el que estamos sumergidos? ¿De qué modo podemos hacer buenas elecciones en nuestro contexto? ¿Cómo proyectar las estrategias más pertinentes para lograr lo más conveniente? Para encontrar estas estrategias debemos visibilizar primero todos los mecanismos que nos hacen posicionarnos ante la realidad de una manera, y no de otra. Y esto por lo que hemos visto con Castoriadis: cada sociedad produce un imaginario social instituyente que determina lo que puede ser pensado, dicho y sentido. Necesitamos ser conscientes de la impronta cultural que cargamos y de las ficciones a las que estamos acostumbrados, ficciones que funcionan como mapas mentales de nuestras andaduras por la realidad sociocultural y que, si no se vigilan, hacen pasar por definitivas creaciones que, como hemos visto, están muy condicionadas. Estas ficciones son el tejido mismo de las narraciones que dan coherencia a nuestras acciones y pensamientos. Conviene no olvidar, tal y como indicó Foucault, que cuando pensamos y hablamos no solo usamos reglas gramaticales: también usamos reglas epistemológicas. Reglas inconscientes que son más determinantes cuanto menos conscientes somos de ellas.

Sabemos que la realidad está plagada de incertidumbre. Pero esto, lejos de inmovilizarnos, debe ser pensado de forma útil: allí donde existe la incertidumbre existe la posibilidad de acción, de creación, de utopía. Allí donde los dogmas se disuelven y la previsibilidad se interrumpe puede nacer algo nuevo. La incertidumbre es el intervalo entre lo instituido y lo instituyente, el resquicio que permite que el imaginario genere un acontecimiento. Donde existe la incertidumbre existe la esperanza del cambio. Como indica Ernst Bloch, la esperanza no mira hacia un más allá abstracto, sino hacia el «todavía no» que habita en el presente. Esta esperanza puede extirpar hasta las naturalizaciones más arraigadas. Bajarse de la duplicación de la realidad implica que el original pueda verse y tratarse de otro modo. Lejos de renunciar a la tecnología, bajarse de la duplicación significa recuperar la proporción entre la mediación y lo mediado, entre la copia y el original. El cambio social dependerá de esta posibilidad.

3.   Un pensar complejo para una sociedad compleja

> La visión de las cosas depende menos de las informaciones recibidas que de la forma en que está estructurado nuestro modo de pensar.
>
> *Edgar Morin*

Necesitamos bajarnos de algunos tableros mentales para salir de la desesperanza del determinismo y poder enfrentar la inquietud que produce andar sobre tierras movedizas. Bajarse de esos tableros implica abandonar los esquemas cerrados desde los cuales interpretamos el mundo como una partida ya jugada, donde las piezas solo pueden moverse según reglas preestablecidas. Implica también aceptar que el tablero mismo puede cambiar, que las reglas son convencionales y que lo verdaderamente humano radica en reescribirlas cuando dejan de servir. Debemos lograr que el hecho de que nada esté dado ni proyectado de antemano no nos incapacite. El determinismo es la metodología de la pereza mental: si creemos que, hagamos lo que hagamos, todo está determinado, no tenemos que preocuparnos por idear ni por inventar. La *poiesis* es baladí en la metodología determinista. La *poiesis*, que es el acto de traer al ser algo que no existía, necesita de la incertidumbre y del riesgo, de la posibilidad del error y del azar. La *poiesis* es la antítesis del determinismo. Es muy fácil acostumbrarse a pensar en términos de verdades absolutas y certezas no menos absolutas, así como en términos de estatismo en vez de en términos de procesos. Pero la vida humana se rige por procesos, y las paradas estáticas apenas hacen acto de presencia siquiera cuando creemos que, si no hacemos nada, estaremos cobijados en ellas.

Si hay un estado que desasosiega al ser humano imbuido de Teoría tradicional es el estado de incertidumbre, pero de lo único de lo que podemos estar seguros es precisamente de que no podemos estar seguros de casi nada, lo cual, bien visto, es una ventaja: esto nos puede inmunizar contra el fundamentalismo y su compañero inseparable, el dogmatismo. Allí donde no hay certeza debe haber diálogo. También nos conmina a crear estrategias que nos ayuden a gestionar el desconocimiento, que siempre camina junto al conocimiento. Siempre existe la incertidumbre y el riesgo de error, y no poder estar seguros de casi nada nos invita al estado de búsqueda constante, de persecución constante de un tiempo mejor que el anterior. No podemos tener certezas en un mundo demasiado amplio, ambiguo y transformativo como para abarcarlo por categorías unidimensionales, lo cual nos empuja a tener que complejizar nuestra mirada y nuestra comprensión. La complejidad no es un lujo intelectual, sino una necesidad ética: solo quien acepta dialogar con una pluralidad de perspectivas puede convivir en un mundo plural sin imponer su punto de vista. Complejizar la propia mirada significa reconocer que la realidad no cabe en una sola lente.

Más que generar complejidad en el mundo, lo que debemos generar es una forma de pensar compleja. Y esto porque la complejidad del mundo es el estado desde el que partimos, y no una cuestión a debate. No así nuestra forma de pensar. El mundo es intrínsecamente complejo, un entramado de relaciones múltiples que no cesa de transformarse. Pero hay formas complejas y formas simplificantes de pensar. El pensamiento complejo es una disposición mental, una forma de abordar la incertidumbre que atraviesa nuestra realidad, una actitud, un modo de relacionarse con el saber y con el error. Pensar complejamente significa aceptar que toda comprensión es parcial, que las verdades se entrelazan con sus contrarios y que los fenómenos no pueden explicarse desde una sola causa o perspectiva. La complejidad es una ética de la humildad cognitiva. La complejidad es una cualidad del mundo que podemos captar a través de nuestra forma de verlo. Por tanto, la complejidad es una forma de mirar. Una manera de percibir. Debido a ello, lo que más necesitamos para interpretar la realidad es educar la mirada, como diría Montaigne. Pensar de forma compleja es establecer un diálogo con lo real lo menos mutilante posible. El pensamiento reduccionista mutila la realidad porque impone una sola lectura, una sola lógica, un solo valor. El pensamiento complejo, en cambio, dialoga: no pretende dominar, sino comprender; no clausura, sino que abre. Su meta no es poseer la verdad, sino mantener vivo el intercambio entre el sujeto y su entorno. La ventaja que nos proporciona el pensar complejo frente al pensar reduccionista se basa en una cuestión de pertinencia o impertinencia, de adecuación o inadecuación en la gestión de la realidad y sus niveles. La comprensión del mundo y de las relaciones humanas no depende tanto de arduas penetraciones teóricas como de generar cierto tipo de aproximación a sus muchas caras, cierto tipo de sensibilidad para captarlas.

Debemos tener en cuenta que, cuando miramos un elemento de la realidad, elegimos de entre una infinidad de propiedades aquellas en las que nos vamos a fijar. Esta elección se efectúa en función de esquemas mentales que nos determinan para percibir el elemento de un modo u otro. Nuestros esquemas mentales poseen una lógica, y esta es la que vamos a proyectar en los elementos. El mundo no está ordenado de antemano, sino que es el pensamiento el que instituye su lógica en él. Cada época histórica define, explícita o implícitamente, la lógica que los individuos proyectan sobre su realidad. Lo que nos interesa entonces es analizar la lógica que atribuimos a los fenómenos, cómo nos acercamos a ellos, a esos procesos que se presentan ante nosotros y que contienen una característica común: nunca, jamás, se dejan capturar por un modo de pensar reduccionista. Los fenómenos son excedentes, desbordan toda categoría conceptual, se escapan de las taxonomías que intentan fijarlos. Tarde o temprano nos desbordan, nos demandan un acercamiento multidimensional, multirreferencial, articulatorio. Pensar complejamente no significa multiplicar variables, sino tejer vínculos entre dominios que suelen mantenerse separados. Es un ejercicio de correlación, de integración, de transgresión de los límites canónicos. Por eso debemos hablar de complejidad. La complejidad no es un añadido conceptual, sino el billete de regreso al movimiento del mundo. El pensamiento complejo se posiciona frente a la lógica de la fragmentación, la desarticulación y la censura, que hace que perdamos capacidad de comprensión de los datos y fenómenos no reductibles a una sola de sus caras.

Lo que nos ofrece el pensamiento complejo es entonces la posibilidad de innovar en diferentes contextos. Innovar, en este sentido, es reconfigurar los modos de ver, pensar y actuar. Por innovación entendemos *poiesis*, la capacidad de configurar de diferentes modos la realidad y aquellas cuestiones que definen nuestra vida. La capacidad de liberar otras posibilidades de comprensión y de acción. Liberar posibilidades significa desarticular los automatismos cognitivos que nos hacen responder siempre del mismo modo ante problemas distintos. El pensamiento complejo nos lleva de la mano, junto con la actitud transigente, a comprender otras lógicas en un mundo colmado por muy diferentes lógicas, un mundo en el que se hace necesario un sujeto-estratega que pueda reconocer y gestionar lo diferente, lo inesperado y lo excepcional.

Si no queremos seguir sorprendiéndonos de que la realidad no se ajuste a *nuestra* lógica, entonces debemos desprendernos de *nuestra* lógica porque nos incapacita para entender la realidad, ya que de la realidad no nos podemos desprender. También podemos incorporar nuestra lógica a otra superior, más panorámica y menos reduccionista, una lógica más compleja. Este paso implica un movimiento dialéctico: no se trata de eliminar la lógica previa, sino de superarla integrándola en un marco más amplio. Tal y como vimos con Hegel, el pensamiento no avanza destruyendo sus formas anteriores, sino conservándolas dentro de estructuras más ricas. Y es que esa realidad que no logramos aprehender seguirá estando ahí: debemos hacernos cargo de ella y debemos hacerlo con una lógica capaz de abordarla, de investirle sentido. «Hacerse cargo» de la realidad no es simplemente describirla, sino responder ante ella. Toda lógica es una forma de responsabilidad, un modo de asumir el rumbo del mundo. No podemos cambiar lo que no comprendemos, pero tampoco podemos comprenderlo si no cambiamos la forma en que lo miramos. Ninguna lógica es la plasmación o duplicación de la lógica que vertebra a los fenómenos puesto que los fenómenos siempre presentan una multiplicidad de posibles lecturas. La lógica es la disposición mental con la que los miramos y los organizamos, los instituimos de tal o cual sentido para extraer de ellos tal o cual posibilidad. Por eso, cambiar de lógica equivale a cambiar de mundo: un nuevo modo de mirar produce un nuevo horizonte de lo posible. Las revoluciones científicas, artísticas o políticas no son, en el fondo, más que transformaciones en la lógica con la que se organizaban los fenómenos.

Pensar cómo pensamos, detectar la lógica de nuestra mirada y de nuestro actuar es una tarea inacabable, pero es una tarea necesaria porque nos jugamos mucho en ello. Pensar cómo pensamos significa volver el pensamiento sobre sí mismo, hacerlo reflexivo, convertirlo en objeto de análisis. No se trata de un ejercicio meramente introspectivo o intelectual, sino de un acto político: solo quien comprende las mediaciones que estructuran su pensamiento puede transformarlas. Entre otras cosas, nos jugamos la posibilidad —o no— de abandonar unas estructuras de pensamiento con consecuencias inhumanas. Estructuras de pensamiento que se transforman en modos de acción inadecuados o violentos, por su pretensión de reducir a un orden considerado objetivo y eterno todo lo que no encaja en él. Cada vez que una idea se absolutiza, lo que queda fuera de su campo se convierte en amenaza. La violencia epistemológica precede a la violencia material: el dogmatismo comienza en el pensamiento, pero acaba en las instituciones, las leyes y los cuerpos. Toda explicación que encorseta el mundo bajo una Idea y no lo abre a otras ideas es del orden del dogma. Detrás de todo encorsetamiento encontramos la búsqueda de una certidumbre absoluta que jamás nos la puede aportar la realidad. La certidumbre es una fantasía metafísica que reaparece en cada época bajo distintas formas: la razón pura, la lógica formal, el mercado autorregulado, el algoritmo infalible. Todas comparten el mismo deseo de eliminar el conflicto y la ambigüedad. Desde Platón, el miedo al caos y la incertidumbre está instalado en el pensamiento occidental: de ahí la continua emergencia de Teorías tradicionales que buscan derrotarlo e instalar el orden. Desde el mito de la caverna hasta el sueño positivista de la ciencia moderna, la historia de Occidente puede leerse como el intento de construir una morada segura frente al devenir. De ahí que nos echemos en brazos de cualquier discurso que disminuya o elimine la ansiedad que produce no tanto el desorden, la diversidad y la incertidumbre como el no saber gestionarlos.

El individuo inteligente es el que aprende a gestionar estos contextos de incertidumbre, el que genera estrategias para moverse entre diferentes lógicas, el que las transita con complejidad, autocuestionamiento y recursividad. Ser inteligente es saber habitar el intersticio entre el saber y el no saber sin precipitarse en la ansiedad del control o la parálisis de la ignorancia. La inteligencia, en este sentido, es una forma de relación con lo desconocido. Ser inteligente es situarse en el plano de la articulación. El pensamiento articulador busca conexiones donde otros solo ven fragmentos. Se trata de una aptitud/actitud que, frente a los diseños rígidos, se abre a lo acontecimental. Crear en y a partir de la incertidumbre necesita de una labor articulatoria constante por parte del sujeto. Por eso su pensamiento es recursivo, reflexivo, siempre dispuesto a revisarse. El individuo inteligente, en definitiva, no es tanto el que «sabe más» como el que sabe moverse mejor.

Es cierto que gestionar la novedad en la época de la globalización es un trabajo inmenso, porque vivimos en sociedades multiconectadas que generan fenómenos para los que, a veces, no tenemos estrategias ni capacidad de gestión. Y como no sabemos qué hacer con ellos, cometemos el error de reducirlos a esquemas de baja complejidad. Esta respuesta defensiva, el impulso de convertir lo múltiple en binario, nos da una ilusión de control, pero una ilusión falsa, porque no lo controlamos y, además, nos empobrece. No nos damos cuenta de que el único modo de reducir la complejidad externa es aumentar la complejidad interna, aumentar la complejidad de nuestra lógica mental. Solo una mente más rica puede manejar un entorno más rico. Quien conoce, quien se equivoca, quien comete errores, quien puede aportar no recetas sino estrategias lo más pertinentes posible para abordar la realidad, es el sujeto a través de su lógica. Hay muchas maneras de hacer uso de esta poniéndola al servicio de un pensar complejo. Un pensar que pueda contener a la vez, articuladas, ideas que concurren, se complementan y pueden chocar y oponerse entre sí. Ideas cuyos antagonismos se interrogan mutuamente, creando nuevas formas que posibilitan nuevos sentidos, nuevos pensamientos, nuevas acciones.

4. Lógica formal y lógica dialéctica

> La neurosis es la incapacidad para tolerar la ambigüedad.
>
> *Sigmund Freud*

Los términos «lógica formal» y «lógica dialéctica» son herramientas de incalculable valor para analizar la manera en que pensamos la realidad. Ambas nociones pertenecen al campo de la epistemología, pero también expresan dos modos radicalmente distintos de relacionarnos con el mundo. La lógica formal busca el orden, la coherencia interna, la deducción que asegura que cada premisa encaje en un sistema cerrado de causas y efectos. La lógica dialéctica, en cambio, se nutre del movimiento, del conflicto y de la contradicción: no teme las tensiones, sino que las convierte en motor de conocimiento. Estos dos términos son muy útiles para ubicar la complejidad de nuestra lógica y nos permiten testar nuestra capacidad para ir acordes a los cambios de esa realidad que es incierta y no deja de transformarse. Cuando pensamos según la lógica formal, tendemos a congelar los procesos, a fijar los fenómenos en categorías estáticas que nos resultan manejables, pero que ya no se corresponden con su dinamismo real. La lógica dialéctica, en cambio, nos enseña a leer lo que deviene, lo que se mueve, lo que no está del todo configurado y tampoco lo estará en un futuro.

Comencemos diciendo, de forma algo evidente y aun así necesaria de señalar, que ambos tipos de lógica tienen lógica, es decir, tienen sentido, aportan sentido y permiten analizar la realidad que tenemos delante. Ambas constituyen intentos humanos de dotar de inteligibilidad al mundo, de organizar el flujo incesante de la experiencia bajo esquemas que hagan posible la comprensión. La cuestión radica en la forma en que lo hacen. Erich Fromm, en *El arte de amar* (2007: 71-73), describe estas dos formas de pensar de la siguiente manera: desde Aristóteles, el mundo occidental ha seguido los principios de la lógica formal o aristotélica. Esta lógica se basa en el principio de identidad que afirma que A=A bajo cualquier contexto y situación (siendo «A» cualquier elemento de la realidad). Un axioma concluyente que parte de la idea de que la esencia de los elementos se mantiene, y no transmuta ni se deja corromper por las circunstancias exteriores ni por las pretensiones inte-riores. La lógica formal opera como una gramática del orden, asegura que las cosas sean lo que son, que cada identidad permanezca cerrada sobre sí misma y que no se produzcan desbordamientos. Su función es custodiar la permanencia y la previ-sibilidad de los elementos del mundo.

En las antípodas de la lógica formal se encuentra la lógica dialéctica, que afirma que A no tiene por qué mantenerse perennemente A, sino que puede mutar acorde a la situación en la que se encuentra y/o a los esfuerzos del propio elemento, los cuales influyen en él y lo conforman como la cosa que es. La lógica dialéctica introduce el tiempo en el ser: lo que hoy es, mañana puede dejar de serlo, y esta mutación no significa error o degradación, sino el modo mismo en que la realidad se despliega. Frente al «ser» fijo de la tradición aristotélica, la dialéctica piensa el «estar siendo», el tránsito, la metamorfosis. El análisis dialéctico revela que todo aquello que se presenta como atemporal e inmodificable, independiente del contexto y de sus propios esfuerzos, está condenado a transmutar y morir, como el resto de las cosas. Toda estructura que no acepte su historicidad, todo sistema que pretenda perpe-tuarse en la forma que tiene, se convierte en un mausoleo, en una ruina artificial, en un mecanismo de negación de la vida. Desde esta perspectiva puede decirse que la lógica formal responde a la Teoría tradicional, mientras que la lógica dialéctica encarna la Teoría crítica. La primera tiende a conservar, la segunda a problematizar; la primera busca la seguridad, la segunda gestionar la apertura. Y si la humanidad duplicada se rige por una lógica formal, congelando la realidad en sus copias y repeticiones, la recuperación de una mirada dialéctica constituye el primer paso hacia la desduplicación, hacia la reactivación de lo vivo en lo real.

La lógica formal ha subyacido a todas las Teorías tradicionales a lo largo de la historia. Su dominio se ha extendido desde la metafísica griega hasta la racionalidad técnica moderna, configurando un modo de pensar que privilegia la permanencia sobre el cambio, la definición sobre el devenir. Este tipo de pensar pretende alcanzar verdades absolutas, eternas y definitivas, verdades perfectas en comparación con las imperfecciones del mundo humano. Desde el punto de vista de la lógica formal, una afirmación es absolutamente verdadera o absolutamente falsa. O A=A o no lo es, no hay otra opción y no existe posibilidad de cambio en esa identidad atemporal. Una afirmación verdadera lo ha sido siempre y siempre lo será, y una falsa nunca podrá convertirse en verdad. La rigidez de esta lógica descansa sobre la negación de la voluntad y del tiempo: nada se transforma, nada se redime. Si menganito es un mal político, padre, amigo o profesor, menganito mantendrá su *esencia* de mal político, padre, amigo o profesor independientemente de las buenas acciones que pueda llevar a cabo para subsanarlo. En este marco, la identidad es una condena previa a nuestro nacimiento. No hay posibilidad de aprendizaje, arrepentimiento o transformación porque lo accidental —lo que hacemos, lo que experimentamos— no puede alterar lo esencial. La esencia va por delante de la existencia, la esencia es independiente de lo que hagamos. Desde el punto de vista de esta lógica, lo que hacemos no puede cambiar lo que somos, y esto porque lo que hacemos pertenece al mundo de la contingencia y los accidentes, y lo que somos pertenece al mundo de las ideas eternas. Se trata de una visión de los hechos como algo no intervenible, una miseria neurótica que se conforma con aceptar las cosas tal y como son. Esta postura encierra una profunda renuncia moral. Si el determinismo era la metodología de la pereza mental, tal y como decíamos con anterioridad, la lógica formal es la metodología de la pereza práctica.

Debemos admitir que el principio A=A de la lógica formal es concreto y riguroso, pero está vacío y linda con el absurdo si trata de analizar la realidad. Tomado absolutamente, este principio sólo permite decir: «el agua es el agua». Pero el agua se puede solidificar, vaporizar, mezclar con otros ingredientes para ser convertido en Coca-Cola o ser santificado como agua bendita. No digamos ya las personas, cuyas posibilidades de mutación son inabarcables. La tautología es, tal y como decimos, lógica y rigurosa, pero también inaplicable y estéril. Su rigor solo tiene sentido en el terreno de lo ideal, no en el de lo real. La lógica formal deja de ser útil en el momento en que no puede describir una realidad en movimiento y continua transformación. Cualquier elemento de la realidad, incluso el más claro, se presenta siempre bajo la forma «A es B». Por ejemplo: el coche es rojo; el cuaderno es cuadrado; el niño es rubio. La frase «el niño es el niño» no es falsa, sino que es un dato, primeramente, banal, y seguidamente, no del todo realista, desde el momento en que el niño transitará por muchas situaciones que le harán dejar de ser el niño en el que se pensaba al principio. Decir que A=B, decir que el niño es atlético, es decir que A es *A en movimiento hacia una posibilidad concreta*, hacia B; que A está supeditado a otros elementos —el crecimiento biológico, la elección de hacer deporte, el contexto familiar, las inclinaciones personales, etc.—. Mientras que la lógica formal afirma que el niño —cada elemento de la realidad— es lo que es, la lógica dialéctica nos hace girar la mirada hacia sus «accidentes», sus posibilidades, sus esfuerzos y su carácter acontecimental. El «accidente» deja de ser lo accesorio y se convierte en el lugar mismo donde se manifiesta lo esencial. Con esto, la lógica dialéctica nos muestra que lo que ocultan los «accidentes» es que no ocultan nada: parafraseando a Baudrillard, no hay nada detrás de los accidentes. Los accidentes son verdad, y por tanto la verdad es contingente. La verdad se hace y se rehace en la superficie de los acontecimientos, en la interacción entre lo que cambia y lo que queremos que permanezca pero, aun así, lo hace siempre bajo formas nuevas.

Hablar de lógica dialéctica es hablar de las tensiones que surgen entre los accidentes, así como de su *articulación-superación* en una nueva forma más compleja, más elevada. Esta superación no se obtiene eliminando las diferencias, sino agudizándolas. Llevándolas hasta sus propios límites para que muten en otra cosa. La contradicción no se disuelve mediante la conciliación, sino a través de la confrontación creadora. Solo cuando los contrarios alcanzan el punto de máxima tensión puede producirse el acontecimiento, el salto cualitativo, el paso a una forma superior de síntesis. Todo elemento contiene en sí la posibilidad de su autonegación, la cual, paradójicamente, se activa desde fuera, en el contacto con la otredad. Si nos contentamos con juntar las contradicciones sin agudizarlas, mezclándolas en un nuevo mejunje en el que mantienen su identidad y no se influyen, permaneceremos en el plano de la unidimensionalidad; los elementos quedarán en su formato anterior porque su identidad no se ha corrompido. La falsa síntesis, la coexistencia sin tensión, es una tentación que debemos rechazar, pues en ella las diferencias se neutralizan en lugar de potenciarse, y lo diverso se convierte en un simulacro de pluralidad. Si es posible una superación, esta ha de nacer de un movimiento de corrupción y posterior metamorfosis. La palabra «corrupción» debe entenderse aquí en su sentido más literal y menos moral: corromper significa descomponer, dejar que lo anterior se deshaga para que pueda emerger una nueva forma de vida. En la superación, lo que resulta «superado» —los elementos en su versión anterior— se encuentra abolido en cierto sentido. Sin embargo, en otro sentido lo superado no deja de existir, no cae en la pura y simple nada; lo superado se encuentra integrado en la nueva realidad que ha ayudado a crear. Pues ha servido de etapa, de mediación para obtener el resultado posterior. Y ciertamente la etapa atravesada no existe ya en sí misma, aisladamente, tal y como era con anterioridad, sino que persiste a través de su incorporación en el resultado.

Debemos tener en cuenta que, si dos elementos, pensamientos, actitudes o ideas son contradictorios, la culpa no tiene por qué ser de los elementos. La lógica dialéctica parte de una realidad que es de por sí contradictoria porque está compuesta por diferentes lógicas, y estas están en continua transformación: sus elementos mutan, y la tensión entre ellos provoca que el contexto sea asimismo tenso y mutante. Cada uno obedece a su propio ritmo, a su propio modo de funcionamiento, y el resultado de su coexistencia es una totalidad inestable y pulsional. Las contradicciones que vemos no son una falla imputable a la insuficiencia de nuestro entendimiento: la sociedad debe concebir la propia contradicción como necesaria para poder evolucionar hacia otra cosa. El progreso viene a radicar en la agudización de las contradicciones de la realidad *de una manera consciente*, mediante el conocimiento y la buena dirección de las mismas. Se trata de ser conscientes de que las tensiones no se resuelven por sí solas, y que nuestra tarea es intervenir en ellas para elevar su sentido. La «buena dirección» de las contradicciones supone discernir cuándo una tensión puede fecundar y cuándo puede arrasar, cuándo es portadora de apertura y cuándo se vuelve un puro antagonismo estéril. Recordemos que, a pesar de estar siempre condicionados y mediados por nuestro contexto, el progreso consiste en convertir *esta* mediación en *otra* mediación de manera intencionada, una mediación más compleja, más moral. La humanidad no se emancipa escapando de su mediación, sino transformándola.

Reuniendo lo analizado en este epígrafe podemos argumentar lo siguiente: la presentación de la realidad y sus elementos como algo definido, unificado y teleológico falsea la realidad y sus características. La lógica formal vertebra este tipo de pensar, mostrando la realidad como un cúmulo de datos cerrados, deductibles e inmodificables. De este modo, la lógica formal alimenta la ilusión de un mundo transparente y plenamente calculable, un mundo que podría ser dominado si solo dispusiéramos de suficientes datos. Interpretar la realidad basándonos en este tipo de lógica, no obstante, compone un acto un tanto *naíf*, término definido por la Real Academia Española de la siguiente forma: «Se caracteriza por reflejar la realidad con deliberada ingenuidad y simplicidad». La ingenuidad de este pensamiento no consiste tanto en su inocencia como en su pobreza. De este modo, la lógica formal es la mejor herramienta de las Teorías tradicionales, las cuales exponen los elementos de la realidad como datos clausurados que encajan perfectamente en su relato cerrado acerca de la totalidad. Frente a ellas, la lógica dialéctica introduce el desorden productivo, el antagonismo que reabre la totalidad y la vivificación del cambio.

La distinción entre estos dos tipos de lógica se vuelve particularmente relevante en la era de la virtualidad, donde la duplicación de lo material a la esfera digital se basa en los principios de la lógica formal *en detrimento* de la apertura e indeterminación propias de lo real. Recordemos que la digitalización traduce el mundo a un código binario, a una gramática que no admite matices. Este esquema, que simplifica la riqueza de lo real en una estructura algorítmica, reproduce fielmente el ideal aristotélico de una realidad sin contradicciones ni ambigüedades. En el marco de la virtualidad, la lógica formal encuentra su aplicación ideal, pues la digitalización de los elementos impone una estructura cerrada a la información: mientras que sus datos son representaciones finitas, predecibles y sin espacio para la ambigüedad o la contradicción, el conocimiento se caracteriza por ser abierto, contradictorio y fundamentalmente ambiguo. De ahí que la virtualidad, pese a su aparente infinitud, sea en realidad un espacio clausurado: su apertura cuantitativa esconde una clausura cualitativa. Podemos acceder a todo, salvo a lo que todavía no existe. Mientras que la lógica formal intenta clausurar la realidad en un sistema de reglas deductivas, la lógica dialéctica piensa la historia, la sociedad y el conocimiento como procesos en constante redefinición. Aplicar la lógica dialéctica al contexto digital significa recordar que ningún sistema de representación puede sustituir la amplitud de lo real. En esta tensión entre la virtualidad y la realidad, entre la lógica formal y la lógica dialéctica, la humanidad se juega la posibilidad de conservar su capacidad de intervenir en su propio proceso histórico. Y esto porque, como venimos diciendo, el riesgo último de la duplicación no es tecnológico, sino epistemológico: que el ser humano atienda únicamente a estructuras de pensamiento virtuales a la hora de interpretar e intervenir su realidad. Que olvide que esas estructuras algorítmicas son mediaciones que le condicionan.

Si, como decía Pascal, el bien pensar es la base de la ética, es necesario que hagamos buenas, adecuadas, pertinentes lecturas, lo menos reduccionistas posible, del contexto, para actuar de la manera más civilizada posible. La ética comienza en el pensamiento porque toda acción nace de una interpretación del mundo: si esa interpretación es pobre o distorsionada, la acción será inevitablemente torpe o violenta. Estas lecturas deben contar tanto con el pensar complejo como con el pensar dialéctico. El primero nos lleva a considerar la pluralidad de los factores que intervienen en un fenómeno; el segundo, a entender las tensiones que los atraviesan. La complejidad amplía el campo de lo visible; la dialéctica enseña a movernos dentro de ese campo sin buscar una síntesis prematura. Reducir el todo a una sola de sus caras es ciertamente una falta intelectual, y esto es peor en la ética que en la ciencia. Y esto porque en la ciencia, el reduccionismo puede corregirse mediante nuevos datos en una teoría posterior; en la ética, en cambio, están en juego vidas humanas.

Si el único modo de reducir la incertidumbre, o mejor dicho, de saber gestionarla, es aumentar la complejidad mental, la única vía para actuar correctamente nace inexcusablemente de una praxis dialéctica. Quien piensa y actúa compleja y dialécticamente aprende a escuchar incluso a quien le contradice, a dejar que el desacuerdo amplíe su horizonte. Complejidad y dialéctica se erigen como dos caras de la misma moneda, y se resumen como la actividad de articular elementos contradictorios y disímiles dentro de un pensar más amplio. Ambas son, pues, ejercicios de ampliación: del pensamiento, de la sensibilidad, de la tolerancia. Se trata de una articulación cuyo resultado es el traslado del agente a otro nivel de comprensión más profundo, más elevado, más incluyente.

V

HACIA LA SALIDA

Estoy convencido de que cualquier intento de restablecer la armonía en el mundo solo se puede conseguir con la renovación de la responsabilidad personal.

Andréi Tarkovski

Todas las Teorías tradicionales tienen una característica común: su inmortalidad, su resistencia a morir. Y todas las Teorías tradicionales, en cuanto pasa su periodo de florecimiento, muestran inmediatamente su debilidad: la realidad que afirman asir ya ha mutado, nosotros también, y la teoría ha quedado obsoleta. Lo que en su momento fue serio se convierte en farsa, por perpetuarse en unas coordenadas que no le pertenecen y que le rebasan. Pero antes de que la Teoría tradicional caiga por completo, hay un periodo en el que los individuos se niegan a soltar su «certeza» y «seguridad», aquellas que les fueron prometidas y que, si desapareciesen, les arrojarían de nuevo a la incertidumbre y la responsabilidad —de construir algo nuevo, de pensar desde nuevas coordenadas, de cambiar ellos mismos—. Ese periodo intermedio, ese «crepúsculo de las certezas», muestra hasta qué punto las teorías no son solo marcos cognitivos, sino refugios afectivos. Renunciar a una teoría tradicional no es solo abandonar un sistema de ideas; es perder una forma de orientación existencial.

En el momento actual, las coordenadas de la virtualidad dominan por completo nuestra forma de ser, pensar y actuar. Como hemos visto, el horizonte digital no es un espacio externo a nosotros, sino que constituye la mediación de nuestro tiempo: todo se mide en función de sus categorías. Estas nos hacen creer que las referencias de la realidad son tan férreas, definidas y definitivas como sus algoritmos, y salir de esta creencia a la ambigüedad y la indeterminación es un paso que ningún individuo quiere dar. Pero desasirse de una Teoría tradicional no es algo que uno elija: es algo con lo que uno se topa, una nueva situación en la que uno ya se encuentra vacilando ante un suelo que no está donde nos prometió que estaría. La ruptura con una Teoría tradicional no ocurre por iluminación, sino por desgaste. Es la experiencia de la inadecuación la que precipita el cambio: los hechos ya no encajan con el relato, las herramientas conceptuales se vuelven inútiles, las categorías, insuficientes. En ese momento, el individuo no decide abandonar el viejo marco; simplemente advierte que su suelo conceptual ha dejado de sostenerle. Antes de que nosotros elijamos soltar la Teoría tradicional, la Teoría tradicional ya nos ha soltado a nosotros: ha caído su seriedad, su firmeza, ya no sirve ni para interpretar la realidad ni para mediar entre ella y nosotros. Ha dejado de funcionar como referencia de nuestros pensamientos, de nuestras pautas de acción, de nuestro *ethos*. La pérdida de una teoría es también la pérdida de un mundo. Las viejas categorías se desmoronan, pero las nuevas aún no han tomado forma. Y es en este intersticio, entre el derrumbe de lo conocido y la aún-no aparición de lo posible, en el que surge la pregunta: ¿qué hacemos? A partir de aquí comienza un trabajo creador, una *poiesis*, una labor de pensar sin suelo y actuar sin guion, que solo puede llevar a cabo un sujeto-estratega.

Debemos volver por un momento a la contrapartida de la Teoría tradicional, la Teoría crítica. Recordemos que la Teoría crítica es la actitud que asume el siguiente axioma: ninguna realidad, por consistente y hegemónica que se presente, debe considerarse definitiva. Esa negativa a absolutizar lo dado constituye su núcleo intelectual y moral. Su función no es la demolición sino la desnaturalización, mostrar que lo que hoy aparece como inevitable fue, en algún momento, una elección humana y, por tanto, su continuación también lo es. Es cierto que, actualmente, para no considerar definitiva la virtualidad[1] es necesario hacer un gran esfuerzo, pues en su amalgama con el capitalismo, ha convertido todo lo pensable en objeto, y lo ha puesto a nuestra disposición como mercancía. Virtualidad y capitalismo, con su dominio absoluto del imaginario de la sociedad, aparecen como un hecho ineludible para el resto de nuestra historia. Lo que antes eran utopías o modelos de futuro se han reducido a actualizaciones de lo mismo. Como advertía Fredric Jameson, resulta más fácil imaginar el fin del mundo que el fin del capitalismo; hoy podríamos añadir que resulta más fácil imaginar una nueva aplicación para nuestro día a día que una nueva forma de vida sin aplicaciones diarias. De cualquier modo, aun cuando la salida de la virtualidad a otra referencia posible ha quedado diferida, aun cuando ese tránsito no está garantizado y puede que no se cumpla, ser crítico, acogerse a la Teoría crítica, es no dar por eterno el principio de dominación de ninguna Teoría tradicional. Hoy, ser crítico no significa oponerse frontalmente a la virtualidad, sino operar dentro de ella sin dejarse absorber por completo. Implica mantener un margen de distancia simbólica, un resto de negatividad desde el cual la realidad pueda ser leída de otro modo. El modo en que se lleve a cabo esta labor de negación, esta posibilidad de decir «no»,

---

[1]   Reiteramos: la virtualidad no debe tomarse como definitiva en tanto referencia para pensar la realidad y actuar en ella. No hablamos de la virtualidad *como herramienta*, que, ciertamente, ha llegado para quedarse. Pues tal y como indicábamos en la Introducción, una vez se descubre una nueva herramienta, esta se inserta en la civilización para siempre. La cuestión, a partir de ese momento, es decidir su papel.

depende de cada momento histórico y de sus coordenadas concretas, así como de las herramientas —tanto prácticas como teóricas— de las que disponen sus individuos.

Rafael Sánchez Ferlosio ofreció una definición de la poesía que alumbra la esencia de la Teoría crítica. Ferlosio señalaba que la poesía no tiene «receptores», pues no hay contenido alguno que quiera comunicar, sino que tiene «usuarios», ya que su uso, su utilidad, consiste en *subrogarse* en el «yo» del poema. Un «yo» que no es el yo del poeta, sino una suerte de *casilla vacía* que acoge al usuario que quiera *servirse* del poema para expresarse, para expresar su individualidad, para pensarla y actuar acorde a ella (Sánchez Ferlosio, 2015). Lo que transmite el poema no es un mensaje, sino una posibilidad: ofrece un marco vacío que permite al usuario salir del marco en el que estaba inmerso. El espacio vacío del poema no pertenece a nadie, es un espacio de apropiación simbólica, una estructura abierta que airea a quien la transita. Se trata de una definición que nos conduce al uso de la Teoría crítica: esta es una «casilla vacía» que irrumpe en la secuencia de la Teoría tradicional, en este caso, en la secuencia repleta de datos cerrados de la virtualidad. Una casilla que, por representar un espacio vacío, supone una forma de decir «no» a ese modelo secuencial, deductivo y teleológico colmado de explicaciones sobre lo que ya hay. La Teoría crítica, como la poesía, no propone un nuevo sistema de verdades, sino que alumbra una nueva disponibilidad. La negatividad de la Teoría crítica cumple la misma función que el silencio en la música o el blanco en la pintura: permite que algo distinto aparezca.

Si existe dominación en la actualidad, si seguimos sometidos aun viviendo en el momento histórico con mayor conocimiento disponible es porque los sujetos, aquellos que deben hacer uso de dicho conocimiento, no son capaces de pensarlo, no tienen las herramientas para hacerlo y actuar acorde a él de manera dialéctica y compleja. Esta capacidad de pensar y pensarse no es innata, sino que debe formarse y fomentarse. La capacidad para pensar(se) surge, tanto individual como colectivamente, en los momentos de ruptura de la línea secuencial a la que estábamos acostumbrados, de acontecimiento, aquellos momentos en que los individuos se convierten en seres conscientes —de la sociedad, de los otros, de sí mismos— y emergen como ciudadanos, como sujetos que quieren hacerse cargo de su realidad, tanto individual como colectiva. Estos instantes de irrupción, estos momentos de *krisis*, son precisamente los espacios donde la historia vuelve a ser posible. Cuando lo habitual se interrumpe, cuando lo esperado desaparece, emerge el margen donde puede nacer una nueva realidad. Los momentos de ruptura pertenecen a la Teoría crítica, pues componen una casilla vacía que dice no a la Teoría tradicional vigente. En ellos se disuelve la continuidad que mantenía unido al sistema y se abre un hueco donde lo inesperado puede materializarse. Esos momentos se han correspondido, históricamente, con los momentos de auténtica democracia, aquellos en los que se rompió con la red cerrada de poder —característica de la Teoría tradicional— y se estableció un flujo abierto de poder —propio de la Teoría crítica—.

1. RED CERRADA DE PODER Y FLUJO ABIERTO DE PODER

> El totalitarismo no busca un gobierno despótico sobre los hombres, sino que busca un sistema en el que los hombres sean superfluos.
>
> *Hannah Arendt*

Todos somos conscientes, aunque sea de manera tácita, de que existe una carrera por el poder en la que están sumergidas las élites, carrera que puede perseguir fines económicos, políticos, religiosos, de prestigio personal, de influencia geopolítica, de autoridad o de cualquier otro tipo. Incluso puede perseguirlos todos a la vez. En esta carrera, el objetivo prioritario de las élites consiste en acumular *más poder* que sus competidores, ya que su posición en esta competición sin fin depende, exclusivamente, de la relatividad de su posición respecto a la de sus rivales. En este juego, el poder es un fin en sí mismo, la energía que alimenta su propia expansión. Se trata de un valor autorreferencial que se mide por la distancia que separa a quien lo detenta de quienes no lo tienen. Denominaremos a esta carrera *red cerrada de poder*. En la red cerrada de poder el objetivo no es llegar a una meta concreta, a un poder último en el cual el que antes llega se detiene, sino acumular más poder que los demás. En lugar de perseguir un futuro, la red cerrada se alimenta del presente continuo de la rivalidad. No se puede llegar a un posicionamiento final puesto que en el momento en que un actor se detiene en la carrera por el poder desaparece de la competición, mientras que el resto de actores sigue acumulando más poder y supera y deja atrás al que se ha detenido.

Existe otro tipo de poder que brota cuando aquellos actores que están fuera de la red cerrada emergen, luchan por que esa red no les oprima y, una vez conseguido, se retiran de la «competición». Denominaremos a este último *flujo abierto de poder*. A diferencia del poder cerrado, que quiere reproducirse a sí mismo sin fin, el flujo abierto no busca perpetuarse, sino cumplir una misión. Su lógica no es la de la acumulación, sino la de la liberación. Este tipo de poder, con un principio y un fin determinados por objetivos concretos, es el que conduce a transformaciones estructurales en la sociedad. Su fuerza no proviene de la permanencia, sino de la irrupción: aparece, altera el orden y desaparece, dejando tras de sí una nueva forma de organización. Por eso, el flujo abierto de poder es esencialmente democrático y revolucionario, porque rompe la clausura de la red hegemónica y restituye a los sujetos la posibilidad de intervenir en la configuración de su mundo. Cuando los sujetos activan este proceso nos encontramos ante los pocos momentos realmente democráticos en los que las personas se convierten en ciudadanos activos, en fines, en lugar de medios en manos de unas elites en su propia competición cerrada. Son acontecimientos en el sentido fuerte del término, irrupciones del *dêmos* en el *kratos*, brechas donde lo político recobra su sentido originario de participación y creación. Allí donde se produce un flujo abierto de poder, la comunidad se redescubre a sí misma como autora de su rumbo, y no como mera espectadora de directrices ajenas. El flujo abierto de poder desemboca en conquistas sociales que desvelan lo emponzoñado y falso de la hegemonía anterior. Así, mientras el poder cerrado consolida jerarquías, el flujo abierto inaugura horizontes. El primero vive del miedo al cambio; el segundo, de la esperanza en la transformación.

Es necesario identificar, pues, cuándo nos encontramos en una época de red cerrada de poder o en una de flujo abierto. Dicho de otra forma: es necesario identificar cuándo los actores que están dirigiendo el rumbo de la sociedad tienen objetivos que no se basan en la acumulación de más poder y cuándo tienen como fin la acumulación diferencial de poder, esto es, la creación de una diferencia jerárquica entre ellos y el resto de la sociedad. Reconocer el tipo de poder dominante implica analizar quién lo detenta, cómo circula, qué símbolos lo sostienen y qué imaginarios legitiman su existencia. El poder cerrado se enmascara con la retórica de la eficiencia, la seguridad, la certidumbre y el crecimiento perpetuo, mientras que el flujo abierto se manifiesta en prácticas colectivas que buscan la cooperación, la escucha, la participación y el reconocimiento mutuo. Se trata de observar tanto las instituciones políticas como los modos de producción del sentido común, de los deseos y de las percepciones, donde se decide qué se considera posible y qué no. Identificar el tipo de poder que predomina equivale, por tanto, a identificar el tipo de imaginación política que impera. En épocas de red cerrada de poder, los individuos tienden a interiorizar la lógica competitiva de las élites, imitando sus valores y convirtiéndose en cómplices inconscientes de su dinámica. En cambio, en momentos de flujo abierto, la ciudadanía se reapropia de su humanidad y transforma la obediencia en colaboración. Estos periodos de apertura, raros y frágiles, marcan los grandes puntos de inflexión de la historia, cuando la sociedad deja de ser un objeto de administración para convertirse en un sujeto creador. Se trata de los momentos en que irrumpe la Teoría crítica.

Hay otra diferencia fundamental. En el caso del flujo abierto de poder, cualquier ciudadano puede convertirse en actor. Esto significa que cualquier ciudadano puede emerger como individuo consciente y crear alianzas con otros ciudadanos, con el objetivo de construir una sociedad mejor. La acción política se democratiza, se vuelve una facultad común. El paso previo a esta emergencia es siempre la consciencia de los propios intereses, una consciencia que permite convertirse en sujetos-actores-estrategas. En términos de Castoriadis, se trata de un momento de *autoinstitución* en el que los individuos dejan de aceptar las estructuras heredadas como naturales y comienzan a instituirse como fuente de sentido y normatividad. En ese instante, el ciudadano deja de ser una pieza administrada y se convierte en agente instituyente. Así las cosas, la *subjetivación* del ciudadano —la conversión de *objeto* en *sujeto*— es el inicio, el proceso mismo y el objetivo final del flujo abierto de poder. En ese tránsito de objeto a sujeto, el ciudadano adquiere una triple dimensión: es autor de su destino, coautor del destino común y custodio de la posibilidad de lo nuevo. Por eso, el flujo abierto de poder no se agota en una conquista concreta;

su verdadera conquista es la emergencia de la ciudadanía como potencia creadora. En la red cerrada, por contra, ni todos los ciudadanos pueden convertirse en actores, ni el objetivo de los actores es coincidente con los intereses de la mayoría. La red cerrada necesita mantener a la mayoría en un estado de pasividad estructural: necesita espectadores, no protagonistas. Su funcionamiento se basa en la despolitización de la vida, en la reducción del ciudadano a consumidor, del trabajador a recurso, del elemento a dato. Recordemos que la prioridad en la red cerrada es la acumulación diferencial de poder, esto es, diferenciarse jerárquicamente tanto del resto de actores en competición como, por supuesto, del resto de la ciudadanía. En este caso, la relación que establecen los actores con los otros es de sujeto a objeto, de actor a recurso. Por ello, cada vez que una sociedad promueve la conciencia ciudadana, la educación crítica y la subjetivación, está alimentando el flujo abierto de poder. Por el contrario, cada vez que fomenta la obediencia, la competencia o la indiferencia, fortalece la red cerrada.

La dirección en la que se desarrolla una sociedad, sus mejoras para la mayoría de la población y su veracidad democrática vienen marcadas por las épocas de flujo abierto de poder. Esos acontecimientos que rompen con la red cerrada de las élites. En tales momentos, la historia parece recobrar su respiración, las estructuras se fisuran, las verdades se reexaminan y los sujetos, que hasta entonces habían vivido dentro del guion de otros, se convierten en narradores de su propio relato. No obstante, son las redes cerradas de poder las que ocupan la mayor parte del tiempo, y las que dominan los grandes periodos de estancamiento social. La red cerrada se sostiene sobre una ilusión de orden que impide vislumbrar que bajo la superficie late la posibilidad de otra realidad. La historia oficial, la que se enseña y se celebra, suele escribirse desde esos intervalos de cierre; sin embargo, la historia que se transforma se teje en los momentos de apertura. Las redes cerradas de poder pertenecen a la Teoría tradicional, mientras que el flujo abierto de poder es la encarnación de la Teoría crítica. Una casilla vacía cuyo contenido toma una forma u otra dependiendo de las necesidades, la época y el lugar. Por eso, el flujo abierto de poder no tiene un contenido fijo ni un programa cerrado; es una estructura de posibilidad, una disposición del espíritu humano a decir «no» cuando la realidad se vuelve opresiva, y «sí» cuando se abre una oportunidad para lo nuevo.

El nivel democrático alcanzado por una sociedad se calcula midiendo la proximidad de las personas a las decisiones que les afectan en todos los ámbitos de su vida, o dicho de otro modo, se corresponde con la comprensión de lo que les rodea y la accesibilidad a su intervención. En la era de la virtualidad, esta proximidad no se mide únicamente en términos físicos o institucionales, sino también simbólicos y tecnológicos: cuanto más mediada está la experiencia de lo real por las aplicaciones, los algoritmos y las plataformas, más difícil le resulta al ciudadano comprender e intervenir lo que está fuera de ellos. Cuanto más mediado está por la aparente libertad de acción que prometen los dispositivos tecnológicos, más difícil le resulta distinguir entre participar y ser gestionado. La apariencia de inmediatez que ofrecen los entornos digitales —donde todo puede ser comentado, votado o compartido— genera la ilusión de una participación constante, cuando en realidad se trata de una nueva forma de distancia con lo real.

Una sociedad es tanto más democrática cuanto más inteligible y maleable resulta para sus miembros. Partiendo de esta premisa, el camino hacia la democratización de una sociedad depende de que la toma de decisiones que afectan a todos no emane de las redes cerradas de poder, sino de la base de colaboración ciudadana. Esto equivale a suprimir dos cosas: la configuración por parte de las élites de cómo son, piensan y actúan los ciudadanos y el conformismo de estos en su estatus de *positum*. En la sociedad virtual, ambas operaciones se funden en un mismo proceso: los ciudadanos, al mismo tiempo que consumen datos, se subrogan a sus categorías. La ciudadanía se convierte así en una suerte de espejo algorítmico que devuelve a cada individuo la imagen de sí mismo que mejor se ajusta al mantenimiento de la Teoría tradicional vigente, de la red cerrada de poder, de la virtualidad. Ambos fenómenos se retroalimentan, generando un círculo vicioso donde la inoperancia del ciudadano legitima la autoridad del poder y viceversa. Debido a ello, desmantelar la red cerrada de poder pasa por desmantelar una acción que el poder repite constantemente: presentar las decisiones tomadas por ellos mismos como algo neutral, objetivo y universal, como el estado natural de las cosas, como algo a lo que todos se querrían emplazar. En el espacio virtual, esta operación alcanza su máxima eficacia porque la neutralidad se disfraza de plataforma abierta, la objetividad de dato y la universalidad de *trending topic*. Lo que se muestra como neutral, objetivo y universal —las estadísticas, los algoritmos de recomendación, las métricas de impacto— está profundamente cargado de intereses y sesgos. De este modo, el poder se mimetiza con la infraestructura tecnológica y su legitimidad se funde con la funcionalidad del sistema. Las decisiones políticas y económicas se presentan como simples respuestas técnicas, los intereses particulares se disfrazan de racionalidad colectiva. Así, el poder se oculta en la imparcialidad y la subordinación se disfraza de consenso. Una acción que los ciudadanos pueden y deben desmantelar desmintiendo su pretensión de objetividad, universalidad y neutralidad.

La red cerrada de poder, la Teoría tradicional vigente, solo puede ser derribada si se derriba su sustento principal: la capacidad para desactivar actores políticos, para desubjetivar ciudadanos, para crear conformismo y delegación. En la lucha por la democratización de la sociedad, incluso el más pequeño intento de entender la realidad y de hacerlo desde unas coordenadas realmente adecuadas es un avance respecto al conformismo con lo que hay. Comprender el mundo en su complejidad, y no simplemente informarse superficialmente sobre él, supone recuperar la mediación que la virtualidad elimina. Si la virtualidad, con su lógica formal y simplista, se ha extendido hasta los rincones más íntimos de nuestra vida, entonces la rebelión deberá tener como objetivo devolverla a su formato original: el de herramienta que usamos y no que nos usa, el de dispositivo que no conforma un *ethos*, una forma de pensar, vivir y actuar legítima para nosotros. En otras palabras, se trata de reestablecer la jerarquía entre el pensar dialéctico y el formal, de recordar que la mediación tecnológica no puede sustituir la amplitud de la experiencia humana. Mientras la virtualidad siga funcionando como matriz de percepción, la subjetividad —y con ello la agencia política— seguirá prisionera en su interior. Cualquier palabra, acto o pensamiento que no use la lógica formal de la virtualidad constituye una rebelión, un acto de subjetivación, un acercamiento a nuestra investidura como ciudadanos—actores—estrategas. Cualquier pequeño momento en el que pensamos con categorías que no pertenecen a la virtualidad es un momento en que nos humanizamos.

Se trata de rechazar la realidad en los términos en los que viene expuesta desde la red cerrada de poder, desde la Teoría tradicional, desde la virtualidad. Se trata de rechazar la realidad duplicada como un espejo perfecto de la realidad y devolverla a su carácter mediado. Rechazar esa verdad «oficial» que capa otras verdades posibles. Rechazar la imposibilidad de decidir, como ciudadanos, sobre los asuntos propios y comunes. El ciudadano debe tener la capacidad de *autoinstituirse* como actor político, como sujeto que problematiza su realidad y que puede intervenirla. Este es el objetivo final de la Teoría crítica: democratizar. Democratizar no equivale tanto a repartir el poder como a transformar la naturaleza del poder mismo. La Teoría crítica busca disolver las jerarquías epistémicas y políticas que definen quién puede hablar, a quién es legítimo escuchar y quién se considera válido y valioso para intervenir. Solo un individuo complejo y dialéctico puede erigirse como actor político, como sujeto responsable y consciente de que tiene la construcción de una sociedad democrática en sus manos. Este individuo es el auténtico heredero del espíritu humanista del que hablábamos en la Introducción: un ciudadano que no busca dominar la realidad, sino comprenderla y co-crear con ella. En él convergen la inteligencia como categoría moral, la *autoinstitución* como categoría política y la acción como categoría humana.

Hay que tener una cosa clara, y es que la democracia no es sencillamente un conjunto de mecanismos y estructuras políticas. Reducir la democracia a un conjunto de procedimientos equivale a vaciarla de su dimensión vital. Un régimen puede tener elecciones, parlamento y división de poderes, y aun así no ser democrático en su sentido más profundo. La democracia, tal y como indica Pasquino, exige en sus fundamentos una ética, la de querer ser sujeto en una sociedad que nunca está acabada. Esa ética es, en esencia, una ética de la responsabilidad: la aceptación de que el mundo está a nuestro cargo. La democracia, así entendida, es la institucionalización de la incertidumbre no como obstáculo, sino como oportunidad. Debido a ello, la democracia prospera cuando el discurso público sobre los fines de la sociedad se desarrolla de manera abierta, sin que los círculos de poder sean los custodios de la Verdad. En una sociedad dominada por la virtualidad, este principio se ve amenazado por la privatización del discurso público: los algoritmos, los medios concentrados y las élites tecnocráticas determinan qué temas merecen ser discutidos y cuáles quedan excluidos del horizonte de lo pensable. La constitución de una ciudadanía fuerte, una población capaz de comprender la totalidad social que les rodea, así como de crear los derechos que les protejan, es la única vía para subvertir la tendencia al conformismo que caracteriza a la sociedad virtual. Frente a la simplificación algorítmica, la ciudadanía debe definirse por su capacidad de complejizar, de introducir matices, de devolver profundidad al presente. La democracia solo puede sostenerse en la medida en que existan ciudadanos que no delegan su pensamiento en «asesores externos», ciudadanos capaces de hacer uso de ellos sin desaparecer como ciudadanos. En contraposición a la virtualidad, que aspira a un orden sin fisuras, la democracia debe presentarse como un espacio de ensayo y error, de conflictos que no se eliminan sino que se gestionan, de diferencias que no se suprimen sino que se ponen en relación.

Cuando el ciudadano se comporta como un sujeto y no como un objeto consigue esa libertad para pensar y para crear necesaria en una democracia. La dignidad democrática surge, por tanto, de un único tipo de poder: abierto, creativo y comprometido. Este poder no se acumula, se comparte. Ante los valores de la acumulación, la competitividad y la productividad en la que nos sume el sistema tecnocapitalista cabe preguntarse, ¿estoy siendo feliz en esta vorágine? ¿Qué busco acumulando más, compitiendo más, consumiendo más? ¿Dónde radica mi posición como sujeto en este «sistema de delirio», como lo denominó Adorno? Todo esto nos devuelve a aquella «casilla vacía» de la Teoría crítica, a la negación, a la capacidad de decir «no». Nos devuelve al rechazo de la ideología que busca naturalizar este sistema, esa que pretende que compremos el pack completo de la virtualidad —tratarlo como herramienta y también como *ethos*— en vez de solo una de sus partes. Así, en palabras de Pasolini:

> El rechazo ha sido siempre un gesto esencial. Los santos, los eremitas, pero también los intelectuales, aquellos pocos que hicieron la historia, son los que dijeron que no, y no los cortesanos y los asistentes de los cardenales. Para ser efectivo, el rechazo ha de ser total, no tiene que ser grande o pequeño, no sobre este punto o aquel otro, ha de ser absoluto (Pasolini, 2005: 308)

Pero rechazo absoluto, ¿a qué? Rechazo absoluto a aceptar que la elección está entre mantener lo que tenemos —una vida de «centauro pseudovirtual» que nos da comodidades, a pesar de arrebatarnos cierta capacidad de experiencia— y perderlo todo —renunciar al mundo virtual y también a sus ventajas—. Una disyuntiva que compone la forma más sofisticada de manipulación del relato. Debemos rechazar, pues, las coordenadas de la pregunta cuando esta se inclina, de manera sibilina, a mantener lo que hay *en la forma en que lo hay*. Rechazo, por tanto, a aceptar la pregunta en el formato en que la enclaustra la Teoría tradicional. Es la trampa del pensamiento binario, una pregunta con dos posibles respuestas cerradas y sin superación posible en una articulación más compleja. Allí donde la Teoría tradicional pregunta «¿prefieres la seguridad de lo que hay o la intemperie de lo desconocido?», la Teoría crítica responde: «prefiero la incertidumbre de una vida humana antes que la seguridad de una deshumanizada; elijo el riesgo de pensar por mí mismo antes que la comodidad de ser gestionado por otros; opto por ser quien pregunta y no quien responde a preguntas trucadas».

2. ¿MANTENER LO QUE TENEMOS O PERDERLO TODO?

> El espectáculo moderno expresa lo que la sociedad puede hacer, pero en tal expresión lo permitido es lo absolutamente contrario a lo posible.
>
> *Guy Debord*

Para cambiar las cosas debemos partir de que la virtualidad es un hecho sin vuelta atrás. Y esto porque no es *solo* una teoría, no es *solo* un sistema: es una herramienta. Las teorías y los sistemas pueden —y suelen— ser desasidos por una etapa posterior; de una herramienta no hay retorno. Y esto por lo que decíamos en la Introducción: una vez «descubierta» o «creada», la herramienta se incorpora a la civilización para siempre. En estas coordenadas, la virtualidad y su papel en nuestras vidas no pueden ser modificados si no se realiza antes el viraje de la mirada que ubique a la virtualidad como una mediación. Mientras permanezcamos ciegos a su condición de mediación, continuaremos tratando sus categorías como un entorno natural y extrapolable al resto de la realidad. Estamos acostumbrados a que sus dispositivos nos acompañen en nuestra andanza diaria y nos bombardeen con *positum* —publicaciones, fotografías, vídeos, productos, noticias y un largo etcétera—, duplicaciones que hacen muy difícil salir de sus lentes a la hora de mirar los originales. Cada dato que no se ubica como una duplicación suma una capa de espesor a la mediación. Cuando los datos virtuales son el único obstáculo para mirar hacia los datos de la realidad con el tipo de pensar que estos merecen, los individuos que se niegan a recluirse en sus características son los auténticos agentes del cambio: un cambio del mismísimo principio del mirar. La educación de la mirada de la que hablaba Montaigne. Educar la mirada no siempre significa enseñar a ver, sino a veces tan solo girar la mirada desde lo que la obstaculiza hacia lo que tiene que vislumbrar.

La paradoja de nuestra situación es que, mientras nos resistimos a convertirnos en seres puramente virtuales, esta resistencia fracasa una y otra vez porque no queremos renunciar a la virtualidad. El dilema se mantiene porque seguimos pensándolo en términos binarios. Sin embargo, no conseguimos ver la apabullante evidencia de que renunciar a la virtualidad no es necesario: lo necesario es cambiar su lugar para nosotros, su papel en nuestra vida, su peso en nuestra percepción. Esto implica desplazarla del centro al perímetro, de principio ordenador de la existencia a instrumento al servicio de la acción humana. Se trata de que la virtualidad deje de ser nuestra atmósfera y pase a ser nuestro utensilio. Es como si las dos tendencias (no querer ser seres virtuales y no querer desprendernos de la virtualidad) se movieran en esferas distintas y nunca se encontraran, sin darse cuenta de que, si las miramos desde un punto de vista articulatorio, complejo, ese que puede mantener diferentes niveles y lógicas, no solo son tendencias compatibles, sino que son tendencias complementarias. Resulta ilustrativo vincular el callejón sin salida en el que *ilusoriamente* nos encontramos, ese que rechaza recluirse en la virtualidad sin querer renunciar a ella, con la famosa afirmación de Saint-Just: *Ceux qui font des révolutions ressemblent au premier navigateur instruit par son audace* («Los revolucionarios se parecen al primer navegante, guiado solo por su audacia»). En cuanto sujetos comprometidos con un cambio social radical, en tanto que busca acabar con la virtualidad tal y como la hemos tratado hasta ahora, tenemos que actuar mirando a un futuro que aún no existe y que, además, tampoco ha existido antes. Por eso somos los primeros navegantes de un territorio sin mapas. Nunca hemos convivido con la virtualidad sin subsumirnos a sus categorías. Debido a la incertidumbre y al desconocimiento del camino que emprendemos, no podemos basar nuestras decisiones en unas pautas marcadas, sino que debemos tirar de estrategia y audacia para inventar una nueva ruta. En el idioma ruso hay una expresión que nos viene muy bien para explicar esto, «na awos», que significa «con suerte», y que expresa la esperanza de que las cosas salgan bien cuando uno realiza un arriesgado movimiento sin ser capaz de prever todas las posibles consecuencias. Algo parecido al *On attaque, et puis on verra* de Napoleón (ataquemos, y luego ya veremos).

Como decíamos, lo que tenemos ante nosotros es una encrucijada un tanto ilusoria. Y esto porque la elección no está entre mantener lo que tenemos —la virtualidad en nuestras vidas, con todas las ventajas que esto supone— y perderlo todo —deshacernos de ella y regresar a un tiempo más rudimentario y arcaico—. La verdadera elección está entre perdernos en la virtualidad o crear una vida apoyada en la virtualidad sin perdernos en ella, una vida que no existía antes, pero que puede llegar a existir gracias a la virtualidad. En palabras de Alenka Zupančič:

> La verdadera elección es entre perderlo todo y crear lo que estamos a punto de perder: solo esto podría acabar salvándonos en un sentido profundo [...]. Cuando nos vemos inmersos en la amenaza y el miedo de «perderlo todo», de hecho somos rehenes de algo que (todavía) no existe. Y esta clase de chantaje, ¿acaso no es el mismísimo medio de asegurarse de que nunca existirá? Nos hace centrarnos en conservar lo que tenemos, pero excluye cualquier alternativa real y la posibilidad de pensar de manera diferente (citado en Zizek, 2021: 148)

Cuando nos sentimos temerosos de «perderlo todo», cuando creemos que un cambio implicará indefectiblemente renunciar a las bondades de lo que tenemos ahora, automáticamente nos vemos atrapados en una ilusión, un chantaje que nos hace creer que la realidad en su estado actual no podría mantener sus privilegios en *la realidad en su estado posible*. No hace falta imponer el orden vigente cuando se nos persuade de que cualquier cambio es a peor. Cuando nos encontramos ante este chantaje y no nos atrevemos a dar el paso, lo que estamos intentando salvar no es la realidad en su estado actual, sino lo que podría ser esta realidad si no se sumiera en el estatismo y la castración de posibilidades. Nos aferramos así a una promesa incumplida de lo que podríamos tener. Tratamos de salvar la realidad en la imagen mistificada y conveniente que es promovida desde la red cerrada de poder, desde la verdad oficial. Si renunciamos a esta encrucijada ilusoria, si clarificamos la pregunta y la devolvemos a sus coordenadas honestas, nos damos cuenta de que la verdadera elección es la siguiente: escoger entre dejarnos atrapar por la virtualidad en todos los ámbitos de nuestra vida o convertirnos en actores-sujetos-estrategas que hagan uso de esta para vivir mejor en una realidad a su vez mejorada. Dejar de «salvar» el presente es el primer paso para empezar a salvar el futuro.

¿Qué se requiere para dar este paso? Habida cuenta de las desventajas de pensar la realidad desde sus coordenadas virtuales, lo que se requiere es situar en el centro de la vida humana ideales *más complejos* de lo que nos tiene acostumbrados la virtualidad. Ideales que, por ofrecer una mayor complejidad de miras, son deseables para los seres humanos porque les permiten vivir mejor, entender mejor su realidad, intervenirla mejor. La complejidad, en este sentido, equivale a una apertura de la mirada en torno a los propios conceptos, a una capacidad para sostener la contradicción y el cambio sin clausurarlos en un sistema cerrado. Pero esta complejización está muy alejada de lo que desean los individuos de hoy, y esta es la inmensa paradoja a la que nos enfrentamos, una pescadilla que se muerde la cola: no construimos ideales más complejos porque aún no nos hemos complejizado, y no nos hemos complejizado porque no tenemos ideales más complejos. Deberíamos querer una sociedad en la que los valores que nos reifican, que nos convierten en objetos—recurso, dejaran de existir o al menos dejaran de ser centrales; en la que la virtualidad volviera a ser puesta en su lugar como simple medio; en la que los ciudadanos pudieran y desearan participar, de manera real, en la construcción de sus democracias. Esto no sólo es necesario para evitar la degradación de la vida humana, sino también —y sobre todo— para salir de la miseria psíquica y moral en la que nos sumerge el pensar unidimensional de la virtualidad. Ese que renace época tras época bajo diferentes Teorías tradicionales. Y aunque este paso hacia la complejidad parezca una quimera cuando nos vemos sumergidos en la unidimensionalidad, en unas coordenadas férreas y solidificadas, debemos recordar que la historia humana es acontecimiento y creación. Esto significa que la institución de la sociedad, el investimento de nuevas formas de sociedad, es siempre autoinstitución por parte de sus individuos, pero autoinstitución que nunca sabe del todo de dónde parte y hacia dónde va. Esa indeterminación es la condición misma de la creación. Decir que la historia es creación significa que no es posible explicar ni deducir una determinada forma de sociedad a partir de formas anteriores o de consideraciones lógicas, pero que aun así se acomete el intento y se aguarda, expectante, a ver sus frutos. *On attaque, et puis on verra.*

Creación, según Castoriadis (1998: 110): capacidad de hacer emerger lo que ni está dado ni puede derivarse, combinatoriamente o de cualquier otro modo, a partir de lo dado. Se trata de una acción asociada a la imaginación. La imaginación no es meramente la capacidad de combinar elementos existentes para producir nuevas formas; se trata más bien de la aptitud para *inventarse* nuevas formas. Y aunque estas formas utilizan elementos que ya están ahí, sus actualizaciones son inéditas en tanto que no se *desprenden* de ellos. Los utilizan para articularlos en un estrato superior que no estaba disponible antes, y que, al materializarlo, se torna viable. En esto consiste la creación.

La creación, en el sentido castoridiano, no es un simple proceso de mejora de la realidad vigente. Es salir de las coordenadas de mejoría-empeoramiento que propone la realidad vigente. Cada vez que una comunidad humana trata de imaginar lo que aún no existe y actúa para hacerlo real, está ejerciendo la soberanía instituyente habilitada por su imaginación. Así, la creación se convierte en el reverso de la delegación: donde hay repetición, hay cierre; donde hay creación, hay apertura. La creación se sirve de los materiales heredados —lenguajes, símbolos, prácticas— pero los reorganiza según una lógica inédita, articulatoria, que les confiere un sentido distinto. En este punto se revela la afinidad profunda entre creación, dialéctica y complejidad: las tres consisten en superar lo dado sin destruirlo, en integrar lo anterior en una forma más rica y abarcadora.

El término castoridiano de creación se combina de manera natural con la concepción de Rancière acerca de «lo político». Según el francés, lo político es exclusivamente la interrupción de un orden dado. Esto, inevitablemente, nos retrotrae a nuestro flujo abierto de poder y su interrupción de la red cerrada de poder, así como a la Teoría crítica como casilla vacía. Aquello que emerge interrumpiendo, batallando y disputando el orden de lo dado no llama a la puerta y pide permiso para entrar, confiando en la buena voluntad de lo establecido para dejarlo pasar y acomodarse entre sus privilegios. Lo que irrumpe excede las fronteras instauradas y no se deja reconocer por el orden dominante ni ser identificado desde sus asignaciones de sentido. Emerge así una brecha, un intervalo que desestabiliza, torsiona y altera los repartos de sentido tanto como las percepciones de los sujetos; se introduce una fisura en la forma de mirar y experimentar la realidad que no tiene vuelta atrás. Para Rancière, esta irrupción compone el momento genuinamente político, aquel en el que los «sin parte» —los que no cuentan, los que no tienen nombre en el orden de lo visible, los que se encuentran fuera de la red cerrada de poder— aparecen en el espacio común y lo reconfiguran. No reclaman un lugar dentro de la estructura vigente, sino que buscan alterar la propia distribución del lugar, de transformar el régimen de lo sensible que define quién puede hablar, actuar o ser reconocido. Es precisamente aquí donde la creación, en el sentido castoridiano, encuentra su correlato práctico. Cuando irrumpe lo político, cuando los sujetos inventan una nueva forma de habitar que el sistema no puede asimilar, la realidad es rearticulada.

La creación castoridiana, lo político rancieriano, el acontecimiento tienen que ver con la manera en que se interrumpen las percepciones imaginarias y las distribuciones materiales. El sujeto-actor-estratega se constituye así creando la escena de su propia aparición. El sujeto no preexiste a su propia acción, tal y como veíamos con Edipo, sino que se forma en el momento mismo de actuar. Subjetivarse es instituirse en un acto cuyo desenlace nos está sustraído, pero que no por ello dejamos de intentar. Por eso, la subjetivación es siempre *poiética* y trágica, porque a pesar de partir de nosotros no nos pertenece por completo. Es la incertidumbre constituyente de esta subjetivación lo único capaz de rebasar las coordenadas de un sistema que cree conocerlo todo.

Tras ser preguntados por el modo en que un sistema podía ser destruido, Deleuze y Guattari respondieron lo siguiente: no hay que retirarnos del proceso del que queremos deshacernos sino quedarnos en él y empujarlo. Acelerar el proceso. Más que huir, se trata de forzar el proceso hasta su punto de autodesbordamiento. Agudizar sus contradicciones. Acelerar el proceso en el contexto de la virtualidad es hacer que el sistema tropiece con su propio reflejo, la verdadera realidad, esa que pretenden reflejar sus datos, y que el exceso de esta, la negatividad que no puede ser aprehendida por aquellos, revele su fragilidad e inoperancia para vertebrar la vida humana. Se trata de empujar su lógica formal, su deseo de duplicarlo todo, hasta que se tope con aquello que no puede duplicar, la ambigüedad. Se trata de poner a la virtualidad frente al exceso que la constituye y que, paradójicamente, no puede gestionar.

3. DE NUEVO, LA DESTRUCCIÓN DE LA MIRADA DE LA TÉCNICA

> El espectáculo se presenta como una enorme positividad indiscutible e inaccesible. La actitud que por principio exige es esa aceptación pasiva que ya ha obtenido de hecho gracias a su manera de aparecer sin réplica, gracias a su monopolio de las apariencias.
>
> *Guy Debord*

En la que quizá sea su mejor reflexión, el filósofo de la ciencia Paul Feyerabend indicó lo siguiente: «Los grandes descubrimientos no son como el descubrimiento de América, en el que ya se conocía la naturaleza general del objeto descubierto. Son más bien como ver *claramente* algo con lo que se ha estado soñando» (Feyerabend, 2022: 127). No se trata de encontrar algo que ya estaba ahí esperándonos, sino de crear las condiciones de posibilidad para que eso que, de hecho, no estaba ahí, aparezca ya estando siempre ahí. El mayor descubrimiento del ser humano, a nivel individual y colectivo y en cada época y lugar, es desvelar por qué mira como mira, piensa como piensa y actúa como actúa, es decir, interrogar las mediaciones invisibles que dan forma a su percepción y su pensamiento; este es el «sueño» que debe alumbrar, la «fantasía» que debe atravesar, la «actualidad» que debe destapar para poder superar en otra «actualidad» más elevada. Recordemos la cita de Foucault con la que abrimos este libro: «Diagnosticar el presente, decir qué es el presente, señalar en qué nuestro presente es diferente, pero absolutamente diferente de otros presentes, es decir, del pasado. Tal es la tarea de la filosofía». Diagnosticar el presente es, precisamente, despertar del sueño del presente que nos tiene atrapados.

A partir de las reflexiones de Feyerabend y Foucault podemos esclarecer qué significa *atravesar una fantasía* que nos tenía atrapados y que, solo mediante su alumbramiento, traspaso y posterior abandono, podemos utilizar, extrayendo de sus contradicciones otra realidad más elevada. Se trata de traspasar esa fantasía que creíamos que dominábamos pero que, en realidad, nos dominaba a nosotros, puesto que nos hacía creer que era natural y eterna. Esta inversión de la relación realidad-fantasía es el núcleo de toda ideología: creemos sostener una imagen del mundo, pero es esa imagen la que nos sostiene a nosotros, la que determina qué nos es posible pensar, sentir o hacer. Tras entrar en conciencia de que nuestra percepción se basaba en una ilusión, comenzamos a vislumbrar la fantasía más claramente, tanto a ella como sus posibles salidas. Ese instante de lucidez, cuando la ilusión se revela como tal, es un momento de radical libertad. Y aquí reside la clave: una vez sucede esto dejamos de «creer» en la fantasía, dejamos de percibirla como una cosa que permanecerá con nosotros eternamente, y esa red que tenía tendida sobre nosotros —y que precisamente nos impedía verla— aparece, se hace visible. ¿Por qué? Porque la fantasía permanece operativa en tanto en cuanto existe como fantasma, como una presencia que está —nos domina— y a la vez no está —no la vemos—. Lo que antes operaba en silencio, determinando nuestras prácticas y deseos, pasa a ser nombrado, expuesto, discutido. Y nombrar lo que nos domina es el primer acto para emanciparnos de ello: al darle un nombre lo separamos de nosotros, lo colocamos frente a nuestra mirada. Deja de ser el aire que respiramos para convertirse en el fenómeno que analizamos. La fantasía es como un secreto íntimo que no sobrevive a la exposición pública, no soporta verse expuesta como lo que es, como una fantasía.

¿Cuál es la fantasía de la que nos debemos desprender en el momento actual? Esta pregunta nos conduce inevitablemente a Heidegger. Cuando el alemán abordó, hace casi un siglo, la «esencia de la técnica», cuando decía que su particularidad consistía en hacernos mirar el mundo como un objeto-dispuesto-a-la-mano, como un dato que podíamos manipular, estaba apuntando a que la tecnología era una especie de fantasía que estructuraba el modo en que veíamos y nos relacionábamos con la realidad, posicionándose entre esta y nosotros como un cristal, como unas gafas que moldean aquello que miramos. Heidegger anticipó que la técnica no era solo un conjunto de instrumentos, sino una forma de desvelamiento del ser, un modo de mostrar —y a la vez de ocultar— la realidad. Lo que está en juego entonces es la mirada que la herramienta instaura, un modo muy específico de relacionarnos con el mundo. La tecnología no designa —o no solo— una compleja red de máquinas y dispositivos, sino la *actitud* hacia la realidad que asumimos cuando, al convivir con las máquinas y los dispositivos, tratamos las cosas y a los otros, como si también lo fueran. La «esencia de la técnica» no reside, por tanto, en sus productos, sino en la manera en que estos modelan nuestra relación con la realidad. Esta es la fantasía que debemos desvelar y de la que nos debemos liberar.

También Ortega y Gasset planteó, en la misma época que Heidegger, lo siguiente: «¿Qué ha pasado en la evolución de la capacidad técnica del hombre para que llegue una época en que, a pesar de haber sido él siempre técnico, merezca con alguna congruencia ser denominada formalmente como la época de la técnica?» (Ortega y Gasset, 1977: 88). ¿Qué ha ocurrido en el modo de habitar el mundo para que la técnica, que siempre fue medio, se haya convertido en principio rector de toda experiencia? Con esta pregunta, el español apuntaba a lo siguiente: la técnica, que nos ha acompañado a lo largo de la historia de diferentes modos y en diferentes escalas, se ha instalado en nuestra realidad hasta el punto de trascenderse a sí misma, de ir más allá de los propios productos tecnológicos e infiltrarse en el pensamiento de los que hacen uso de ellos, provocando que miren el mundo con la tecnificación y reificación que las caracteriza. La técnica, que fue creada para hacer más amable el entorno material, *ha devenido una forma de mirar y percibir el entorno material*, una mediación entre nosotros, los otros y las cosas que resalta exclusivamente su uso instrumental. Esta mirada utilitaria se ha extendido incluso a las relaciones humanas, donde el otro aparece como un recurso o medio. La técnica, por tanto, se ha transfigurado en la *mirada de la técnica*. Una mirada que dirige nuestra manera de estar y de relacionarnos con lo que nos rodea. La época de la técnica se caracteriza entonces por ser la *época del olvido*, el olvido de todo aquello que no tiene valor instrumental, el olvido de todo lo que está más allá —o más acá— de la técnica, el olvido de la jerarquía entre medios y fines, lo necesario y lo contingente, lo humano y lo maquinal. La virtualidad, que prolonga y radicaliza la «época de la técnica», no ha hecho más que consumar este proceso, convirtiendo el olvido en sistema operativo.

¿Hay alguna salida de la *mirada de la técnica* que no pase por la actitud anti-tecnológica, esa que tiene demasiada poca fe en el ser humano como para creerlo capaz de reconquistar sus inventos? ¿Demasiada poca fe como para apostar por una convivencia enriquecedora en la que el ser humano siga siendo humano sin caer subsumido en su creación? Ante esta cuestión, Jürgen Moltmann apuntaba lo siguiente:

> 'Quien cabalgue sobre el tigre, no podrá ya desmontar', dice un antiguo proverbio chino. 'Invoqué a los espíritus, y ya no me desharé de ellos', se lamentaba el 'aprendiz de brujo' en el poema de Goethe. Del sentimiento de impotencia nacen hoy con gran profusión afectos antitécnicos. El dios de la máquina que prometió todo a todos, aparece ahora como un daimon maligno que lleva todo a la ruina (Moltmann, 1973: 46-47)

Moltmann propone un trabajo conjunto con la técnica, una convivencia que no olvide que sus desarrollos fueron inventados por seres humanos para mejorar la vida de seres humanos. Si la técnica ha nacido de la imaginación humana, también debe poder ser guiada por su intencionalidad política. Como creadores y responsables de la técnica, los seres humanos estamos capacitados para transformar el modo de convivir con ella, así como para invertir la jerarquía de dependencia en la que nos hemos sumido a nosotros mismos. Así lo explica el alemán: «Lo que importa no es tanto espantarse ante ese tigre cuanto domesticarlo para alcanzar con él aquel futuro que se quiere conseguir. Lo que importa es, tras las fórmulas aprendidas para invocar a los espíritus, aprender ahora también la sabiduría para gobernarlos» (Moltmann, 1973: 47). El problema de la técnica no está en invocar fuerzas poderosas, sino en olvidar que debemos acompañarlas con sabiduría y madurez moral. Karl Jaspers también se posiciona en esta actitud: «En sí, la técnica no es ni buena ni mala, pero puede ser empleada lo mismo para el bien que para el mal. En sí misma no entraña idea alguna, ni una idea de perfección ni una idea diabólica de destrucción. Ambas proceden de otros orígenes en los hombres, de los cuales únicamente la técnica cobra sentido» (Jaspers, 1980: 126). Desde la perspectiva de ambos, no es la aparición de la máquina el comienzo de la perdición humana, sino que esta radica en la forma en que los humanos deciden olvidarse de sí mismos. El olvido de sí mismo, ese dejarse arrastrar por la delegación o la comodidad, es el verdadero pecado contemporáneo. Se trata de una perdición que, por ser elegida, es posible evitar. En este sentido, Moltmann y Jaspers coinciden en una intuición que nos devuelve al corazón de la Teoría crítica: la perdición no es una fatalidad natural, sino una posibilidad ética; y toda posibilidad abre, por definición, una vía de emancipación.

Si el ser humano es el único responsable del desvío de sus creaciones, entonces también es el único agente capaz de reconducirlas. Recuperar las riendas del progreso no significa tanto prescindir de la tecnología como cambiar el pensar a la hora de utilizarla; no tanto superar la técnica como superar al hombre técnico. Superar al hombre técnico no implica renegar de la racionalidad instrumental, sino reubicarla dentro de las coordenadas que le pertenecen y no extrapolarla a otras. Insertarla en una racionalidad más amplia, integradora y compleja dirigida por un sujeto subjetivado. ¿Cómo conseguir esto? ¿Cómo lograr que el ser humano se emancipe de esa mirada que él mismo ha creado, aquella que le impide prestar atención a lo que realmente importa, él mismo, y hacerlo desde unas categorías adecuadas?

Edmund Husserl es de gran ayuda en este punto. El alemán aventura que hay dos maneras de mirar el mundo: la *actitud natural*, propia de científicos, economicistas y «hombres de hechos», que dan por sentado que el mundo es un cúmulo de datos que se nos presenta «de manera natural» y, por tanto, se puede aprehender y manipular, y la *actitud filosófica*, que busca poner entre paréntesis todo eso que la actitud natural da por sentado, todo aquello que no se toma el tiempo de penetrar y comprender. Mientras la actitud natural habita el mundo como un escenario de objetos utilizables, la actitud filosófica lo habita como un misterio que debe ser interrogado. En la primera, el sujeto se disuelve en el flujo de lo dado; en la segunda, emerge como una conciencia reflexiva, capaz de suspender la inercia de las apariencias y volver sobre sí misma. Esa suspensión, esa *epoché*, es el primer gesto emancipador: detener el automatismo de la mirada y devolverle su potencia creadora. En otras palabras: la actitud filosófica quiere complejizar todo lo que la actitud natural reduce a *positum*, sacarlo de su naturalización e insertarlo en las coordenadas en las que ha nacido para hacerlo intervenible. La actitud filosófica desvela las mediaciones invisibles que la actitud natural oculta. Donde el «hombre de hechos» ve un objeto, la mirada filosófica ve una construcción; donde el primero constata, el segundo problematiza. La actitud filosófica es, por ende, aquella que interrumpe el orden dado, y se corresponde con la Teoría crítica, el acontecimiento, lo político rancieriano, la creación castoridiana y el flujo abierto de poder. Todas ellas comparten una misma estructura de negación activa. Suspender el mundo tal como se presenta significa reabrirlo, más que destruirlo.

Esta actitud, la filosófica, es esencial en el ser humano, y tiene como misión desnaturalizar aquella otra que mira las cosas en su versión animal, en su versión constatada y sin reflexión. La mirada animal es aquella que percibe sin comprender, que reacciona sin interpretar, que se limita a registrar datos sin establecer con ellos una relación de sentido. No es una mirada perversa, pero sí simplificada. Adorno afirma que la mirada filosófica es la que redime nuestra mirada animal. La redención en Adorno significa sublimación: redimir la mirada animal es liberarla de la mera reproducción de lo que tiene delante. Solo tras la activación de la mirada filosófica, volviendo a Husserl, el ser humano se topa con que los elementos de la realidad son mucho más que aquello que «se nos da» de forma natural: en realidad, los elementos son aquello que se nos da para poder ser *dotado de sentido*, un sentido otorgado por nosotros. Al reconocer que los objetos no se presentan como esencias definitivas, sino como ofertas para crear sentido, el sujeto recupera su protagonismo en la tarea de instituir la realidad. Entrar en conciencia de esta «verdad apodíctica», como la denomina el alemán, nos permitirá construir una vida más responsable y humana, pues implica aceptar que los que *debemos vivir en la actitud filosófica* somos nosotros; los que debemos construir constantemente el sentido que el mundo tiene, en vez de esperar a que nos venga construido desde fuera, somos nosotros. Esta toma de conciencia inaugura la auténtica madurez del espíritu. La actitud filosófica es, por tanto, la forma más elevada de la autoinstitución humana.

Heidegger hizo una diferenciación muy interesante entre el *modo de ser propio de los entes* y el *modo de ser propio del hombre*. Con esta distinción quería aclarar que el ser humano no se agota en lo que es, como sí hace el ente, sino en lo que puede llegar a ser. Su existencia está marcada por la posibilidad, por la proyección, por la apertura al porvenir. Con esta diferenciación, el alemán quería alumbrar el olvido, por parte del ser humano, de la diferencia ontológica entre ambos modos de existencia: mientras que los entes agotan su existencia en el puro presente —siendo su modo de ser el *sub-sistir*—, el ser humano es un ser esencialmente proyectado hacia el futuro, hacia la apertura, de modo que no se encuentra *sub-sistiendo*, sino *ek-sistiendo*. Esa *ek-sistencia*, ese salir de sí hacia el mundo y los otros sin ningún resultado asegurado, es la condición de posibilidad de la humanidad.

La técnica está unida al modo de ser propio de los entes, y la extraordinaria amenaza radica en que, al hacer uso de ella, asumimos inconscientemente su modo de ser. La técnica deja de estar «a la mano» para situarse «en la mirada». El peligro, entonces, es la equivocada asunción de que la técnica no implica un modo de existencia que repercuta en nosotros, que no es una mirada, que no es una mediación. Al pensar que la técnica no nos afecta ontológicamente dejamos de pensarla; y al dejar de pensarla, dejamos que piense por nosotros. Esta es la consumación del olvido del ser. En la línea de lo dicho por Husserl, se trata de una mirada que se torna natural. La característica que la define es su asumida neutralidad, su asumida objetividad. La mirada de la técnica *carece de la opción de refutarse a sí misma*, y aquí revela su carácter totalitario. Pero citando a Hölderlin, Heidegger nos recuerda que «donde hay peligro, crece también lo salvador» (Heidegger, 1997: 139). La superación de la mirada de la técnica pasa por ubicarla como tal, como mirada, como fantasía. Ya solo con preguntarnos sobre esto se tambalean las bases de su pretendida naturalidad. Porque el acto mismo de pensar la técnica es ya no reducirnos a sus categorías de pensamiento, que son incapaces de cuestionarse a sí mismas, y hacer uso de otras categorías diferentes.

Heidegger asegura que no es necesario —y tampoco sería posible— un retroceso en el despliegue técnico de la civilización. Principalmente por las razones que hemos aducido con anterioridad. Debemos evitar que la nostalgia, en este punto, suponga una trampa: ninguna sociedad puede regresar a un estado previo a su propio desarrollo técnico y simbólico. Lo que hay que buscar es que la técnica no guíe nuestra mirada, no controle nuestra manera de estar en el mundo, no fomente el instinto de simplificación que reina desde su inserción en nuestra rutina diaria. Solo así podremos devolver a la técnica a su puesto de *medio* y alejarla de ser un *fin* en sí mismo. Si conseguimos cambiar nuestra actitud hacia lo que la técnica representa para nosotros, cambiaremos nuestra actitud hacia el mundo que está al otro lado de la técnica; si conseguimos cambiar nuestra actitud hacia ese mundo, cambiaremos nuestra manera de pertenecer a él. Si conseguimos que nuestra mirada trate la historia no como un ir desvelando entes con significado propio, sino como un ir dotando de sentido los entes con los que construimos mundo, daremos con el camino para mirar hacia la realidad como un espacio apto para ser co-creado. Se trata de sustituir el descubrimiento del que hablaba Feyerabend por el acontecimiento, pues este último depende de la participación del sujeto que lo activa. En lugar de esperar a que el mundo se revele, debemos asumir que el mundo es lo que revelamos nosotros. Tal es el tránsito de la *aletheia*, entendida como desocultamiento pasivo, a la *poiesis*, entendida como creación compartida.

Recordemos lo que indicaba Ortega: «Sin la técnica el hombre no existiría ni habría existido nunca» (Ortega y Gasset, 1977: 15). Con esta frase Ortega no busca ensalzar la técnica, sino situarla en su lugar histórico, como el medio por el cual el ser humano se ha emancipado de la pura animalidad. Se trata de una sentencia descriptiva, no valorativa. En esto consiste lo que Ortega llama nuestra «*sobre*naturaleza»: en la holgura que hemos creado, gracias a la técnica, respecto a nuestra naturaleza originaria, a la que sí están subsumidos el resto de animales. La *sobre*naturaleza no es una segunda naturaleza, sino esa distancia respecto a la primera naturaleza que nos constituye como humanos. La *sobre*naturaleza que hemos alcanzado es la capacidad de centrar nuestros esfuerzos en cosas que no son de primera necesidad natural. Esto es posible gracias a que esas primeras necesidades han ido quedando, con el perfeccionamiento de la técnica, resueltas. En lugar de limitarnos a satisfacer el hambre o el cobijo podemos preguntarnos por el sentido de la vida, por la justicia, por la belleza, construir templos, escuelas y democracias. Pero también podemos fabricar armas, algoritmos y ficciones que nos esclavicen de un nuevo modo. Nuestra *sobre*naturaleza abre muchas posibilidades.

Ortega explica que el ser humano es el único animal que, tras emanciparse de la obligación biológica de tener que vivir —los animales están obligados a vivir debido a que no son conscientes de que viven, y por ende no pueden elegir dejar de hacerlo—, *elige seguir viviendo y crear nuevas necesidades que le motiven para ello*. Este es el gesto decisivo de la existencia humana: convertir la vida en posibilidad, en elección. Vivir deja de ser un hecho natural y se convierte en elección. La vida se convierte en una decisión que se nos ofrece diariamente y que estamos en posición de declinar o aceptar. Así las cosas, la vida se presenta como un proyecto inconcluso, un trayecto cuyo destino es perpetuamente reconsiderado y reconfigurado, un horizonte que se abre ante nosotros sin seguridades ni caminos marcados. El proyecto vital no está garantizado, sino que requiere imaginación, coraje y responsabilidad. Esta idea del ser humano como proyecto tiene que ver con que su modo de ser, tal y como indicó Heidegger, no se agota en el mero presente: su ser se pro-yecta hacia el futuro, y no meramente sub-siste. Vivir proyectándose significa aceptar la incertidumbre como forma de vida. Así lo expresa Ortega: «Porque el ser del hombre no le es dado, sino que es, por lo pronto, pura posibilidad imaginaria, la especie humana es de una inestabilidad y variabilidad incomparable con las especies animales» (Ortega y Gasset, 1977: 59-60). Ningún ser humano es *ya* el ser que debería ser, pero algunos afortunados están *ya* en el camino de intentar ser ese individuo. Y esto porque somos los únicos seres capaces de no coincidir consigo mismos, los únicos que pueden fracasar en su intento. Pero también gracias a ello, somos los únicos capaces de lograr que ese intento obtenga una consumación feliz.

4. EL ACONTECIMIENTO

> La ontología crítica de nosotros mismos se ha de considerar no como una teoría,
> como una doctrina ni tampoco como un cuerpo permanente de saber que se acumu-
> la; es preciso concebirla como una actitud, como un *ethos*, como una vida filosófica
> en la que la crítica de lo que somos es a la vez un análisis histórico de los límites que
> se nos han puesto y un examen de su posible traspaso.
>
> *Michel Foucault*

En el momento en que somos conscientes de que la tecnología compone, en su
versión más refinada, un modo de «imponer» una percepción del mundo, de simpli-
ficarlo, la fantasía se hace visible y, en cierto sentido, es derrotada. Su pretensión de
verdad queda ultrajada. Y esto por lo que decíamos antes: lo que puede verse puede
pensarse, y lo que puede pensarse puede transformarse. Mientras la fantasía opera
de manera invisible, se confunde con la realidad. Pero cuando comprendemos que
esa realidad está mediada, se abre un resquicio en su hegemonía. Esto nos devuelve
a la noción de acontecimiento, que también tiene su presencia en Heidegger: para
el alemán, el acontecimiento no tiene que ver con procesos que se desarrollan en la
realidad. El acontecimiento designa más bien una nueva relación con lo real, con el
Ser, la posibilidad de que surja un nuevo «mundo» a partir de un nuevo horizonte de
significados. El acontecimiento, *Ereignis*, no es algo que «pasa», sino algo que «nos
pasa»: una transformación en el modo en que el ser humano se relaciona con lo que
le rodea. Heidegger lo entiende como un movimiento de reapropiación y apertura,
el proceso mediante el cual el hombre y el Ser vuelven a encontrarse después de un
largo extravío en el olvido.

El acontecimiento esencialmente humano, el acontecimiento que cada generación debe hacer aparecer, es la derrota de la fantasía que les gobierna y el paso a
una nueva que les acerque a una realidad superior. En esta línea, Walter Benjamin
indicaba que el acto revolucionario por antonomasia es la redención del pasado en
un futuro mejor:

> El pasado lleva consigo un índice temporal por el que remite a la redención. Hay
> un acuerdo secreto entre las generaciones pasadas y la presente. Nuestra venida era
> esperada en la tierra. Como cada generación que nos precedió, hemos sido dotados
> con un débil poder mesiánico, un poder sobre el que el pasado tiene una exigencia
> (Benjamin, 2018: 254)

En la situación actual, en la que la misma virtualidad que queremos destruir
—en su carácter de fantasía que impregna todo— es precisamente la que destruye
el pensar complejo y dialéctico que podría desasirnos de ella, ¿cuáles son las proba-
bilidades de que el acontecimiento se produzca? Deberíamos comenzar por recordar
que un acontecimiento es un punto de inflexión que, en su primera etapa, es invi-

sible. Y es invisible porque en esa primera etapa no son las cosas las que cambian; lo que cambia es el propio parámetro por el que medimos qué sería un cambio en dicha realidad. ¿La destrucción de las máquinas sería un cambio? ¿La creación de otras máquinas diferentes sería un cambio? Primero debemos vislumbrar claramente, como diría Feyerabend, que todas estas acciones se desprenden de la misma fantasía que queremos destruir, y por tanto, son estériles para derribar su lógica.

Si en las coordenadas actuales todas las acciones emprendidas en la lucha por una realidad mejor parecen dejar intacta esta realidad —huelgas, protestas, sindicatos, organizaciones, manifestaciones, nuevos partidos políticos, etc.—, debemos asumir que estas acciones no están vertebradas por un cambio de lógica: se mantienen en la lógica de la simplificación provocada por la virtualidad, y no abordan el problema de raíz. No es que estas acciones carezcan de valor, es que se encuentran atrapadas en el mismo lenguaje que pretenden subvertir. Su mirada sigue siendo unidimensional, no ha virado su esencia ni se ha independizado de la lógica dominante. El problema no es tanto la falta de acciones como la falta de otra lógica desde la cual concebirlas. El cambio debe partir de esa educación de la mirada que nos permitirá dejar de tratar la sociedad, a la naturaleza, a los otros y a nosotros mismos como datos, como objetos, como medios, como recursos, como mercancía. Una educación de la mirada que debe reaprender a percibir el espesor simbólico de lo real, su negatividad constituyente. Significa, asimismo, devolver a la experiencia su ambigüedad, su carácter no cuantificable. Por mucho que los movimientos sociales afirmen haber salido de la mirada simplificadora, sus consecuencias —o falta de ellas— lo desmienten.

El punto de inflexión encuentra su impulso en esta primera etapa en la que, antes de emprender acciones materiales, mientras reflexionamos sobre qué acciones emprender para lograr eso que nos parece relevante, lo relevante ya está apareciendo. Esa reflexión previa es el espacio germinal donde se reconfigura el sentido. En ella se produce el acontecimiento en su forma más pura, como una transformación silenciosa del horizonte de lo posible. ¿Debemos deshacernos de las máquinas para que no nos dominen? ¿Somos más humanos cuando estamos alejados de las máquinas? Estas preguntas son un reflejo de la propia sociedad duplicada, la cual considera que una parte debe dominar a la otra para no ser dominada o que hay una contraposición entre lo humano y lo maquinal, y revela la profundidad de la confusión. Se trata de una dialéctica falsa que presupone que lo humano solo puede afirmarse negando lo técnico, cuando en realidad lo técnico ha sido siempre una prolongación de lo humano, su exteriorización simbólica de posibilidades. Debemos obligarnos a desechar las preguntas irrelevantes, esas que no nos sirven para materializar otra realidad distinta, para que puedan desvelarse las preguntas relevantes, así como sus posibles respuestas. En el mismo acto de rechazar las preguntas enviciadas, esas que provienen de la lógica de la virtualidad, emerge la posibilidad de realizar las preguntas pertinentes, así como su abordaje.

Entonces, ¿la reflexión puede transformar la realidad por sí sola? ¿Hasta qué punto la reflexión puede ser una praxis, el inicio de una acción realmente rompedora? La reflexión, lo simbólico, lo creativo, lo negativo son las condiciones de posibilidad —e imposibilidad al mismo tiempo— para transformar la realidad material. Lo simbólico, lo creativo y lo negativo son los lugares donde se decide si el pensamiento será emancipador o reproductor. Así las cosas, ¿qué es lo que nos dice una realidad material que, por las muchas ventajas que nos ofrece, no puede ser modificada? Que la reflexión, la creatividad, lo simbólico, lo negativo, a través de los cuales el sujeto conquista su realidad material, han quedado bajo la superficie de la Teoría tradicional imperante. Cuando esta domina, lo primero que arrebata a los sujetos son los recursos simbólicos que les permitirían inventar el recorrido propicio para salir de ella y cambiar el horizonte en el que viven. Es en estas condiciones en las que el acto imaginativo, creativo, simbólico, negativo debe irrumpir como un acontecimiento que no se derive de lo dado. Como una casilla vacía. Y no porque en lo dado no estuviera presente, sino porque no era pensable, no estaba en acto, la fantasía dominante lo había relegado a un segundo plano.

Y para lograr esta ardua empresa, este proyecto que nos permita salir de la virtualidad como fantasía, ¿debemos hacer uso de la propia virtualidad o, siendo fieles a nuestro objetivo, debemos renunciar a ella y utilizar otros medios? Aquí podemos recuperar la respuesta de Adorno cuando se le preguntó si, para difundir su crítica a la cultura de masas y la industria cultural, debería hacer uso de ellas o renunciar a sus medios:

> Sería testarudo y una pieza de ese conservadurismo cultural que solo beneficia a la propia industria cultural, que uno quiera prescindir de los medios de comunicación de masas y solo retozar en papel de tinta [...] Si en algún lugar es apropiado el término brechtiano *Umfunktionieren* —reutilizar, readaptar— es en este punto (citado en Eilenberger, 2025: 155)

Adorno entendía que no había un «afuera» de ese nuevo contexto tecnologizado e hiperconectado que tanto criticaba. Y esto porque sus productos también tenían muchas ventajas. Entonces, ¿qué podía ser más consecuente que, partiendo de esta constatación, servirse de sus propios medios para desenmascarar desde dentro la fantasía? Esta estrategia, esta «dialéctica de la infiltración», podría subvertir esa realidad desde el interior, usar los medios del sistema no para reafirmar su fantasía, sino para evidenciarla. Si utilizamos la virtualidad de manera compleja y dialéctica, a la altura del objetivo perseguido, se estaría materializando el *otro* uso de la virtualidad. Estaríamos aprovechando sus ventajas sin percibir el resto de rincones de nuestra vida desde sus parámetros. Utilizar la virtualidad de manera dialéctica significa contraponer la tendencia a la simplificación con una voluntad consciente de complejidad: emplearla para multiplicar perspectivas, para abrir debates, para fomentar pensamiento, para visibilizar aquello que su propia lógica tiende a invisibilizar. En la medida en que logremos usarla sin que nos use, mirarla sin mirarnos a través de ella, la virtualidad podrá dejar de ser el instrumento de una fantasía totalizante para convertirse en el espacio de una nueva imaginación política.

Sigue siendo una cuestión de educar la mirada, de alumbrar ese desajuste cognitivo que surge cuando pensamos la realidad a partir de las categorías de la virtualidad. Y todo ello en un contexto en que los poderes dominantes se esfuerzan por mantener a la población alejada de los procesos de poder, de la educación que permitiría utilizar de manera compleja el conocimiento y de la distinción atemporal entre imagen y realidad. Pero debemos rehusarnos a ser ciegos que siguen a ciegos: *La parábola de los ciegos* es una pintura de Pieter Brueghel el Viejo que muestra a cinco ciegos que caminan uno delante de otro, en fila. Un sexto ciego, el guía, los precede, y cae en un agujero. El siguiente ciego se tambalea por encima del primero y cae en el agujero. Lo mismo ocurre con el tercero, el cuarto, el quinto y el sexto. Ninguno de los personajes puede ver, pero todos creen seguir un camino seguro. La pintura se basa en un dicho de Jesucristo que aparece en los Evangelios, Mateo 15:14: «Dejadlos: son ciegos que guían a ciegos. Y si un ciego guía a otro ciego, los dos caerán en el hoyo». Se trata de una advertencia sobre los peligros de seguir a líderes ignorantes, indignos y corruptos, los mismos que quieren mantenernos en este «sistema de delirio», en esta fantasía que nos distrae mientras afianzan su carrera por el poder.

La meta de un acontecimiento que nos permita salir de esta situación, retomando nuestro problema, no es deshacernos de este sistema dislocado e inestable para llegar a otro más seguro y fiable. Esa búsqueda de estabilidad, de cierre, de certeza absoluta pertenece precisamente a la lógica de la Teoría tradicional de la que nos queremos deshacer. La meta es que la indeterminación, la incertidumbre y la posibilidad de error, inherentes a la realidad, compongan una oportunidad que queremos abrazar, y no una condena. Recordemos que vivir en la incertidumbre no significa resignarse al caos, sino aprender a gestionar la apertura, a dialogar con ella. Se trata de transformar nuestra mirada sobre estas tres características. En lugar de buscar un orden fijo, debemos desarrollar una inteligencia capaz de navegar en la ambigüedad. Más que buscar un estado definitivo de la realidad, debemos localizar lo que no queremos seguir manteniendo en este estado de la realidad, y contribuir para cambiarlo. Como indicábamos al inicio de este libro, las cosas no «son así», sino que «están así, pero pueden estar de otro modo». La realidad, como decía Castilla del Pino, deja de constituirse como misterio para tornarse problema, y problema siempre abordable, problema siempre abierto a posibles intervenciones.

Para un pensamiento dialéctico y complejo el misterio ha desaparecido, solo queda el problema: un mundo humano que vive a partir de las categorías de un mundo virtual. Y una vez asumido que este es el problema, *este* y no otro de otra época pretérita, se puede emprender el camino hacia su resolución. Pues pensamos con Baudelaire que no tenemos derecho a despreciar el presente. Y no porque, a veces, el presente no sea despreciable, sino porque es el tiempo del que disponemos, y en ese sentido es sagrado.

> El hombre superior es el que siempre es fiel a la esperanza.
> No perseverar es de cobardes.
>
> *Eurípides*

TABLA CONCEPTUAL

Virtualidad	Realidad
Teoría tradicional	Teoría crítica
Positum	Dato abierto
Unidimensionalidad	Complejidad
Inteligencia artificial	Inteligencia humana
Miseria neurótica	Infortunio corriente
Actitud clausurada	Actitud transigente
Lógica formal	Lógica dialéctica
Red cerrada de poder	Flujo abierto de poder
Repetición	Creación
Mirada de la técnica	Mirada filosófica
Teleología	Acontecimiento

BIBLIOGRAFÍA

ADORNO, Theodor Wiesengrund y HORKHEIMER, Max, *Dialéctica de la Ilustración*, Madrid, Trotta, 1994.

ADORNO, Theodor Wiesengrund, *Dialéctica negativa: la jerga de la autenticidad*, Madrid, Taurus, 2002.

ADORNO, Theodor Wiesengrund *et al.*, *La disputa del positivismo en la sociología alemana*, Barcelona, Ediciones Grijalbo, 1973.

ADORNO, Theodor Wiesengrund, *Minima moralia. Reflexiones desde la vida dañada*, Madrid, Akal, 2013.

— *Teoría estética*, Madrid, Akal, 2004.

ARISTÓTELES, *Poética*, Madrid, Alianza Editorial, 2004.

BENJAMIN, Walter, *Iluminaciones*, Madrid, Taurus, 2018.

BOURDIEU, Pierre, *El sentido práctico*, Buenos Aires, Siglo XXI Editores, 2007.

CASTILLA DEL PINO, Carlos, *Dialéctica de la persona, dialéctica de la situación*, Barcelona, Ediciones Debolsillo, 1968.

— *El humanismo «imposible». Estructura social y frustración*, Madrid, Ciencia Nueva, 1968.

Castoriadis, Cornelius, *El ascenso de la insignificancia*, Madrid, Cátedra, 1998.

CHRISTIAN, Brian, «Un match inégal», *Books Magazine*, n.º 26 (2011), dossier «Quand le cerveau défie la machine» [Cuando el cerebro desafía a la máquina], octubre de 2011; publicado originalmente en *The Atlantic*.

COULDRY, Nick y MEJIAS, Ulises, *El costo de la conexión. Cómo los datos colonizan la vida humana y se la apropian para el capitalismo*, Barcelona, Ediciones Godot, 2023.

DEBORD, Guy, *La sociedad del espectáculo*, Valencia, Pre-Textos, 2009.

EILENBERGER, Wolfram, *Espíritus del presente. Los últimos años de la filosofía y el comienzo de una nueva Ilustración (1948-1984)*, Barcelona, Taurus, 2025.

FEYERABEND, Paul, *La tiranía de la ciencia. ¿Qué es el conocimiento? ¿Qué es la ciencia?*, Mandala Ediciones, 2022.

FLORIDI, Luciano, *The Fourth Revolution: How the Infosphere is Reshaping Human Reality*, Oxford, Oxford University Press, 2014.

FOUCAULT, Michel, *Historia de la sexualidad. Volumen I: La voluntad de saber*, Madrid, Siglo XXI Editores, 2009.

FREUD, Sigmund y BREUER, Joseph, *Estudios sobre la histeria*, edición electrónica de philosophia. cl, Escuela de Filosofía, Universidad ARCIS, 1895. Disponible en: https://www.philosophia. cl/wp-content/uploads/2019/02/1895Estudios20sobre20la20histeria.pdf

FROMM, Erich, *El arte de amar*, Barcelona, Paidós, 2007.

HEGEL, G. W. F., *Principios de la filosofía del derecho o derecho natural y ciencia del Estado*, Barcelona, Edhasa, 2005.

HEIDEGGER, Martin, *Filosofía, ciencia y técnica*, Santiago de Chile, Editorial Universitaria, 1997.

HORKHEIMER, Max, *Teoría tradicional y teoría crítica*, Barcelona, Paidós, 2009.

INNERARITY, Daniel, *Una teoría crítica de la inteligencia artificial*, Barcelona, Galaxia Gutenberg, 2025.

JASPERS, Karl, *Origen y meta de la historia*, Madrid, Alianza Editorial, 1980.

Levesque, Hector, *Common Sense, the Turing Test and the Quest for Real AI*, Cambridge, MIT Press, 2017.

Marcus, Gary y Davis, Ernest, *Rebooting AI. Building Artificial Intelligence We Can Trust*, Nueva York, Pantheon, 2019.

Marquard, Odo, *Apología de lo contingente*, México, Universidad Iberoamericana, 2001.

Moltmann, Jürgen, *El hombre*, Salamanca, Ediciones Sígueme, 1973.

Morin, Edgar, *Educar en la era planetaria*, Barcelona, Gedisa, 2003.

Muñoz, Jacobo, «El sujeto de la vida dañada», en *Figuras del desasosiego moderno. Encrucijadas filosóficas de nuestro tiempo*, Madrid, Antonio Machado, 2002.

Ortega y Gasset, José, *Meditación de la técnica*, Madrid, El Arquero, 1977.

Pardo, José Luis, *Esto no es música. Introducción al malestar en la cultura de masas*, Barcelona, Círculo de Lectores / Galaxia Gutenberg, 2007.

Pasolini, Pier Paolo, *Demasiada libertad sexual os convertirá en terroristas*, Madrid, Errata Naturae, 2014.

— *Palabra de corsario*, Círculo de Bellas Artes de Madrid, 2005. Disponible en: http://artonirico.altervista.org/02/Fahrenheit958/Pier%20Paolo%20Pasolini%20-%20Palabra%20de%20corsario.pdf

Roger, Emilio y Regalado, Cecilia, *Pensamiento complejo y educación. Aclaraciones y confrontaciones*, México, FronterAbierta, 2016.

Sadin, Éric, *La humanidad aumentada. La administración digital del mundo*, Buenos Aires, Caja Negra, 2017.

Sánchez Ferlosio, Rafael, *Campo de retamas. Pecios reunidos*, Madrid, Random House, 2015.

Sontag, Susan, *Sobre la fotografía*, Barcelona, Debolsillo, 2008.

Žižek, Slavoj, *Acontecimiento*, México D. F., Sexto Piso, 2014.

— *Como un ladrón en pleno día. El poder en la era de la poshumanidad*, Barcelona, Anagrama, 2021.

Colección:
FILOSOFÍA HOY
Director:
JUAN ANTONIO NICOLÁS